CHRISTOF HAMANN

Bodensee

| Hoffmann und Campe |

1. Auflage 2011

www.hoca.de
Einbandgestaltung: Katja Maasböl
Satz: Pinkuin Satz und Datentechnik, Berlin
Gesetzt aus der Sabon
Druck und Bindung: GGP Media GmbH, Pößneck
Printed in Germany
ISBN 978-3-455-50230-5

HOFFMANN
UND CAMPE

Ein Unternehmen der
GANSKE VERLAGSGRUPPE

Meiner Familie

INHALT

AUSSICHTEN

Vor vielen Jahren fuhr ich mit einem Freund vor Weihnachten von unserem Studienort Freiburg aus nach Hause, nach Ludwigshafen am Bodensee. Mit im Auto saßen zwei Kommilitoninnen, die in unserem Heimatort in einen Zug steigen und dann weiter ins Schwäbische, nach Biberach, reisen wollten. Mein Freund bestand auf einem Umweg. Angekommen in Ludwigshafen, musste ich auf die Bergstraße abbiegen, die nicht allein ins Hinterland, sondern auch zu einem beliebten Ausflugsrestaurant, dem Haldenhof, führt. Hier hatten in unserer Kindheit, zwischen 1969 und 1981, sogenannte Bergrennen stattgefunden, in denen Autos in etwas mehr als einer Minute die kurvenreiche, etwa zwei Kilometer lange Strecke hinaufjagten. In meiner Erinnerung war der Straßenrand dicht gesäumt von Menschen, trotz des Lärms und Gestanks. Davon erzählte mein Freund während der Fahrt zum Haldenhof, und von uns beiden, die wir selbstverständlich mitjubelten, auch wenn wir vom Reglement keine Ahnung hatten.

Am Ziel angekommen, gingen wir gemeinsam zu einer Aussichtsplattform, vorbei an der sogenannten Burkhartslinde, unter der der Minnesänger Burkhart von Hohenfels vor über siebenhundert Jahren Minnelieder gedichtet haben soll. Vom Aussichtspunkt aus war des dichten Nebels wegen nichts zu sehen, was meinen Freund nicht davon abhielt, in den Dunst hineinzuzeigen und allerhand daraus mit schwärmerischen Worten hervorzuholen: den auf der anderen Seite des Sees gelegenen Bodanrück, die Blumeninsel Mainau, die Autofähren zwischen Meersburg und Konstanz-Staad und vor allem die höchste Erhebung des Schweizerischen Alpsteinmassivs, den 2500 Meter hohen Säntis. Die beiden Schwäbinnen verhielten sich distanziert ironisch, zudem setzte ihnen die Kälte sichtlich zu. Sie unterbrachen ihn, nachdem sie registrierten, dass das Loblied auf unsichtbare Sehenswürdigkeiten in absehbarer Zeit kein Ende finden würde, mit dem Hinweis, dass ihr Zug bald fahre, und so musste der Schwärmer seine Hymne widerwillig abbrechen.

Ich weiß nicht, ob mir bereits damals ein leicht abgewandeltes Schiller-Distichon einfiel, als ich eher schweigsam den Fingerzeigen meines Freundes in den Nebel hinein folgte, oder zu einem späteren Zeitpunkt: *Spricht die Heimat, so spricht ach! schon die Heimat nicht mehr.* Als Abwesende muss sie immer wieder erfunden werden, in jedem Lebensabschnitt, vielleicht noch öfter, mit eigenen und mit fremden Bildern, mit geliehenen und mit eigenen Worten. Ein zerbrechliches Gebilde, vergleichbar einem Turm aus Bierdeckeln, der beim kleinsten Luftzug in sich zusammenfällt und von neuem gebaut werden muss oder auch gebaut werden darf.

Das stelle ich in Aussicht: insgesamt sechsundzwanzig persönliche Einblicke in eine Region. Persönlich heißt: Die Einblicke sind zusammengekittet aus unterschiedlichen Materialien, die ich mir einverleibt habe – aus Erinnerungen, aus Geschichten anderer Menschen, die am See leben oder ihm einen Besuch abgestattet haben, aus Bildender

Kunst und aus Filmen, angefangen mit *Die Fischerin vom Bodensee* bis hin zu Bodensee-*Tatorten*, und vor allem und immer wieder aus literarischen Texten. Davon hat die Bodenseeregion mehr als genug zu bieten. Bereits im frühen Mittelalter dichteten Mönche wie Walahfrid Strabo Loblieder auf die Landschaft, und nur wenig später, im dreizehnten Jahrhundert, verfassten Minnesänger wie der bereits erwähnte Burkhart von Hohenfels oder Walter von Klingen ihre Strophen. Gedichtet und getextet wurde von da an bis in die heutige Zeit unentwegt, von Einheimischen, Zugereisten und Urlaubern. Dabei sorgt der See keineswegs für einheitliche Bilder oder gar eine gemeinsame Sprache. Seine Übersetzung in liebliche, sanfte, verklärende Worte, kurz: in eine Idylle, ist nur eine von vielen möglichen. Genauso existieren von ihm erhabene, existentielle, satirische und viele weitere Versionen. *Die gemeinsame Landschaft*, schreibt der Konstanzer Schriftsteller Hermann Kinder in der Anthologie *Bodenseegeschichten, bringt kein einheitliches Denken, Fühlen, Ausdrücken hervor*.

Oft hält sich der Nebel hartnäckig und verbaut jede Aussicht, manchmal sogar tagelang und entgegen sämtlicher Wetterprognosen. An dem einen oder anderen Tag genügt selbst der Pfänder nicht, um zum Wanderer über dem Nebelmeer zu werden. Von Oktober bis Januar, sagen einige, gäbe es keinerlei Aussichtsgarantien. Wer Hermann Hesse gelesen hat, weiß, dass diese Zeitspanne durchaus dehnbar ist. In *Septembermorgen am Bodensee* schreibt der Nobelpreisträger: *Die Nebelmorgen haben nun wieder begonnen, schon mit Anfang September. In den ersten Tagen waren sie beengend, düster und traurigmachend, so lange man noch das leuchtende Blau und Rotbraun der Hochsommermorgen frisch im Gedächtnis hatte.* In solch melancholischer Stimmung hat er in einem seiner berühmtesten Gedichte dem Nebel am Bodensee ein Denkmal gesetzt:

Seltsam, im Nebel zu wandern!
Einsam ist jeder Busch und Stein,
Kein Baum sieht den andern,
Jeder ist allein.

Aber nicht immer liegt der See im Nebel verborgen. Manchmal regnet es auch, und zwar heftig, etwa in Martin Walsers *Ein fliehendes Pferd*, als die Helden der Novelle einen Ausflug zum Höchsten unternehmen. Hel und Klaus beziehungsweise Sabine und Helmut heißen die ungleichen Paare, die am Bodensee Urlaub machen und diesem Aussichtspunkt im Hinterland zustreben. Als sie nass bis auf die Haut sich in einem Lokal eine Suppe gönnen, bekommt Klaus auf die Frage, wie weit es noch sei bis zum Höchsten, die Antwort, sie seien bereits oben. Der anschließende Lachanfall und die mehrfach wiederholten Worte des Fragenden: *Der Höchste, der Höchste, also diesen Berg würde ich einfach den Allerhöchsten taufen*, sind nachvollziehbar, weil die Erhebung keine markante ist, nicht mit dem Säntis oder dem Pfänder vergleichbar. Als ich in der Nähe des Höchsten meinen Zivildienst absolvierte, ging ich an Sonntagnachmittagen, mal allein, mal in Gesellschaft, dort hinauf, aber nicht, wie die Paare in *Ein fliehendes Pferd* und die meisten anderen Besucher dieses Fleckchens Erde, in das Restaurant. Ein paar Schritte weiter wanderte niemand mehr, und man konnte dort bei schönem Wetter, denn ja, das gibt es auch am Bodensee, im Gras liegen und sich von der kleinen, aber feinen Aussicht, die bei Südwind vom schweizerischen Berggipfel des Pilatus bis zur Zugspitze reicht, einlullen lassen.

Zu meiner Heimat gehören unbedingt auch geheime Fleckchen, die im Kontrast zum Säntis stehen. Der hat unbestritten etwas von einer *Majestät* an sich, wie Annette von Droste-Hülshoff in einem ihrer Gedichte schrieb, und von dort oben ist tatsächlich mehr zu sehen. Aber auch dieser Berg ist schließlich, so Hermann Kinder, nicht mehr als ein *versteinerter Furz im All*, und dazu noch einer, auf dem man sich bei schönem Wetter auf den Füßen herumtrampelt, um einen Blick auf die ungezählten Bergspitzen und ein Zipfelchen vom See zu erhaschen.

Ich gehe, wenn ich in meinem Heimatort zu Besuch bin, bei jedem Wetter hinaus und, wenn ich nicht gerade den Uferweg ins benachbarte Bodman einschlage, suche ich einen Weg aus, der mich in die Höhe führt. Einer geht über Sipplingen zur Ruine Hohenfels, auf der nicht nur der Minnesänger, sondern auch ein ebenso hässliches wie gutmütiges Burgfräulein gewohnt haben soll. Den Armen spendete sie tagtäglich ein Süppchen. Daher soll angeblich Sipplingen, ursprünglich Süpplingen, seinen Namen haben. Von der Ruine sind es nur noch wenige Schritte bis zum Haldenhof. Bei Föhnwetter ist der Säntis, mit dem mein Freund damals Eindruck schinden wollte, tatsächlich zu sehen. Ich wandere, schon allein der Namen wegen, den Blütenweg hinaus, bis zum Pfaffental und von da hinauf in den Rosshimmel. Ich gehe in Richtung Stockach bis zum Römerbrunnen, von dem nicht ganz sicher ist, ob bereits die Römer hier Wasser geschöpft haben, und von da zum sogenannten Guggenbühl, also einem von der Umgebung abgegrenzten Buckel, der eine lohnenswerte Aussicht verspricht. Um 1900 flüchtete sich der Schriftsteller Emil Strauß aus der Zivilisation heraus hierher. Vergeblich halte ich nach den Überresten seiner Hütte Ausschau. Als ich jung war, versammelte sich die Dorfjugend auf dem Guggenbühl, um in lauen Nächten allerdings weniger den Untersee und den Querriegel des Bodanrücks als vielmehr alkoholische Getränke und das andere Geschlecht zu erkunden.

Ein weiterer Weg führt mich hinauf auf den Stättelberg. Hinter der Bank, auf der ich mich ausruhe, wurde eine Tafel angebracht. *Hier rumort*, so heißt es darauf, *der Stättelberger. Er schwor: So wahr der Schöpfer über mir ist, stehe ich auf spitälischem Grund und Boden.* Neben dem Spruch ist ein bärtiges Gesicht abgebildet und über dem bärtigen Gesicht ein Hut samt Schöpflöffel. Die Geschichte über den Geist steht in dem Buch *Sagen und Bräuche am Überlinger See*. Waldhüter war er, der Stättelberger, und dazu ein listiger Hund, der in einem Rechtsstreit zwischen der kleinen Gemeinde Ludwigshafen, die damals noch Sernatingen hieß, und Überlingen einen Meineid zugunsten der Freien Reichsstadt geleistet haben soll. Beide Ortschaften beanspruchten den Walddistrikt Stättelberg als ihr Eigentum. Der listige Waldhüter nahm Erde von Überlinger Grund und Boden und füllte sie in seine Stiefel; zugleich versteckte er einen Schöpflöffel in seinem Hut und schwor so, auf diese Weise ausgerüstet, den Meineid. Nur wenig später fiel der Waldhüter auf dem Weg zur Kirche tot zu Boden und geht seither als Geist um, gekleidet in einen grünen Rock und mit einer Axt unter dem Arm.

Die Aussicht von hier oben kann an einem schönen Abend so sein: *Der See heute. Flecken und Striemen trägt er, aber nicht eine Falte. Auf der anderen Seite am Bodanrück hat er mit der Dämmerung gleichgezogen. Die zwei, drei Segelboote regungslos, als hätte sie jemand ans Wasser genagelt. Die Furchen in den Waldhängen haben ohne Wenn und Aber das Beiwort schattig verdient. Die noch sichtbare Silhouette der Alpen rundet das Abendbild ab.* So jedenfalls will es Höfe wahrgenommen haben, der Held meines Debütromans *Seegfrörne*, der, als Zugereister oder, wie es hier heißt, *Reigschmeckter*, an den Bodensee gekommen ist, um im Auftrag des Gemeinderats eine Chronik zu verfassen.

Gerne auch wandere ich auf den Sonnenberg, wo ich als Kind oft in einer Hütte zu Gast war. Sie gehört einem Nenn-Onkel und einer Nenn-Tante von mir. Die lohnenswerte Aussicht von dort den See hinauf interessierte mich damals überhaupt nicht. Dafür waren die Geschichten meines Onkels zu spannend, etwa diejenige vom Spuk auf Schloss Hallenstein, das unterhalb seines Grundstücks knapp diesseits eines steil abfallenden Felsens gestanden haben soll. Ich suchte Überreste davon vergeblich, bis mich der Onkel schließlich aufklärte: Das Schloss sei eines Abends vor seinen Augen in die Höhe geschwebt und davongeflogen.

Den Aussichten, gerade denen aus der Höhe, haftete, als die Ersten aus reiner Neugierde heraus sich nach oben wagten, etwas Verderbliches an. Denn oben, da thronte Gott, und allein der Wunsch, ihm nahe zu rücken, kam fast schon einer Todsünde gleich. Einer der Ersten war der italienische Dichter und Humanist Francesco Petrarca. Nachdem er 1336 eigenen Angaben zufolge, allein *getrieben von der Begierde, den außergewöhnlich hohen Ort zu sehen*, den Mont Ventoux bestiegen hatte, erging er sich in Selbstvorwürfen angesichts seines Verlangens, da doch dem Menschen *nichts bewundernswert ist außer der Seele*.

Es werden noch einige Jahrhunderte vergehen, bis der Drang, nach oben zu gelangen und von dort in die Ferne zu blicken, nobilitiert wird. Dann aber wird dem Panoramablick oft fälschlicherweise eine durch nichts zu trübende, zeitlose Wahrheit untergeschoben. Die aber ist nicht zu gewinnen: Jede Aussicht bleibt gebunden an den Wahrnehmenden, der die Landschaft vor sich nach bestimmten Mustern ordnet und sie so schlussendlich in Besitz zu nehmen versucht.

Meine eigenen Muster, mit denen ich den Bodensee und die an seinen Ufern wohnenden Menschen zu erfassen suche, wechseln. Sie reichen von einer Herabsetzung der als allzu süßlich wahrgenommenen Landschaft, die einlullt und der es zu entkommen gilt, bis hin zu ihrer verklärenden Vereinnahmung als Refugium. Dann tritt die Landschaft mit ihren sanften Hügeln und dem zumeist glatten oder nur leicht gekräuselten See als Kurort des inneren Friedens auf. Die Willkür meiner so hergestellten Arrangements vom Bodensee wird nicht korrigiert, aber zumindest erweitert um die Wahrnehmungen anderer, den See Liebenden und von ihm Genervten, die hoffentlich deutlich machen: Meine Blicke sind nur Möglichkeiten von vielen.

BODENSEE-ABC

Das sind die Fakten: Mit 536 Quadratkilometern Fläche ist der Bodensee der größte deutsche See und nach dem Plattensee sowie dem Genfer See das drittgrößte Binnengewässer Mitteleuropas. An seiner tiefsten Stelle, nördlich von Romanshorn, geht er 254 Meter hinab. Die Fakten schwanken allerdings von Natur aus. Durch Schneeschmelze und Regenfälle variiert der Wasserstand um eineinhalb bis zwei Meter pro Jahr. Im Februar ist er am niedrigsten, weil im Winter der meiste Niederschlag in Form von Schnee herabfällt und dann, so sagen die Geographen, an die Orte, wo er herabfällt, *gebunden* bleibt. Am höchsten steht das Wasser meistens im Juni oder Juli. Die Schwankungen können auch schon mal ins Extreme gehen. Dann ist von Jahrhunderthochwassern oder von Jahrhundertniedrigwassern die Rede. Erstere schaffen den Sprung ins Fernsehen, so dasjenige von 1999. Dann werden anhand des Bodensees Fragen nach dem Klimawandel kontrovers diskutiert. Ist ein Hochwasser bloßer Zufall? Oder wird es nicht eher durch einen Wandel in der Landnutzung, durch Speicherbewirtschaftung im Alpenraum, Wasserüberleitungen und Eindeichungen der Flussauen begünstigt?

Wie zufällig in jedem Fall die Fakten sind zeigt ein Blick zurück in die erdgeschichtliche Vergangenheit. Die Region ist Geologen zufolge im ausgehenden Tertiär, vor etwa 65 Millionen Jahren entstanden, als sich die Alpen zu einem

Gebirgsmassiv aufzufalten begannen und sich an dessen Rand ein Vorlandbecken bildete, das mit dem Abtragungsschutt des jungen Gebirges – genannt Molasse – wieder aufgefüllt wurde. In diesem Vorlandbecken soll sich vor zehn Millionen Jahren an der Stelle des Bodensees ein flaches Meer befunden haben, das sich irgendwann in einen Sumpf verwandelte. Damals herrschte in dieser Region ein Klima wie im subtropischen Afrika, mit entsprechender Flora und Fauna: Zedern und Palmen ragten in die Höhe, Elefanten, Nashörner, Flusspferde oder Antilopen gediehen prächtig. Diese Periode wurde vor etwa zwei Millionen Jahren mit dem einsetzenden Wechsel von Warm- und Eiszeiten beendet. Die Eismassen reichten bei ihrer weitesten Ausprägung in der Riss-Eiszeit weit in den Hegau hinein, erreichten eine Dicke von über tausend Metern und hoben nach und nach den Untergrund aus. In den Warmzeiten hingegen füllte sich das Becken mit Wasser, wobei diese Urbodenseen unterschiedlich groß und unterschiedlich geformt gewesen sein dürften. Erst nach der letzten Eiszeit vor vierzehntausend Jahren – erdgeschichtlich also kaum der Rede wert – bildete sich der Bodensee in der heutigen Form, mit dem Unterschied, dass er im Süden eine gewaltige Ausbuchtung bis fast hinauf in das heutige, schweizerische Chur besaß.

Dieser Rheintalsee verlandete in den anschließenden viertausend Jahren, und dann erst nahm der See die heute bekannte Form an: Vom Pfänder aus betrachtet, ist von Ost nach West das breite Becken des Obersees zu erkennen, das sich zwischen Konstanz und Meersburg, der sogenannten Mainauschwelle, zum Überlinger See verjüngt. Bei Konstanz fließt das Wasser durch den Seerhein in den Untersee, welcher wiederum sich unterteilt in den Gnadensee, den Zeller See und den Rheinsee. Bei Stein am Rhein schließlich entwässert sich der Bodensee in den Rhein.

Wenige Jahrtausende, nachdem der Bodensee seine heutige Gestalt angenommen hatte, begann die Besiedlung seiner Uferregionen. Einen ersten einheitlichen Namen aber erhielt er erst später, im ersten Jahrhundert, als die Römer die Region in Beschlag nahmen. *Lacus Brigantinus* hieß das Gewässer in der *Naturgeschichte* von Plinius dem Älteren, nach der römischen Siedlung Bregenz, zu der man, von Italien aus anreisend, zuerst gelangte. Eine erste ausführliche Beschreibung des Sees lieferte gegen Ende des vierten Jahrhunderts der Historiker Ammianus Marcellinus, der als Offizier in diese Gegend kam. Der *lacus Brigantia*, wie er ihn nannte, sei umgeben von *schrecklich rauen Wäldern*. Es gebe *keinen Zugang zum See außer dort, wo die altbewährte und nüchterne römische Tüchtigkeit eine breite Straße angelegt hat, trotz des Widerstandes der Barbaren, der Natur der Gegend und des unwirtlichen Klimas*. Das Gewässer selbst stand bei den Römern wie andere Seen auch in keinem hohen Ansehen. Ein lacus bedeutete ursprünglich eine Vertiefung, eine Grube oder eine Pfütze. Für die Invasoren sei der See, wie der Konstanzer Historiker Arno Borst schreibt, nichts anderes als *verunreinigtes Land* gewesen, nicht im mindesten vergleichbar mit dem Mittelmeer, das als Zentrum der zivilisierten Welt galt. Ein höheres Ansehen gewann der See auch unter den nachrückenden Alemannen nicht, sie verzichteten sogar auf eine eigene Namensgebung. Und die ersten Mönche, die sich in dieser Region niederließen, behielten den lateinischen

Namen bei, vielleicht auch deshalb, weil ihre Gründerväter wie Kolumban und Gallus sich um 610 in der Nähe des zerstörten Römerorts Bregenz niederließen.

Erst vom achten Jahrhundert an geriet dieser Name in Vergessenheit, während sich nach und nach die Benennung durchsetzte, welche auch heute noch Gültigkeit besitzt: Bodensee oder zunächst lacus Bodamicus. Manche, wie der deutsche Philologe Jacob Grimm, erklärten diesen Namen damit, dass der See einen Boden habe. Die meisten aber begnügten sich nicht mit solch einer schlichten Definition und richteten ihr Augenmerk auf einen Ort am Westende des Überlinger Sees, auf Bodman beziehungsweise, wie es zuerst hieß, Bodamon. Dass ein kleines Dorf als Namenspate für den großen See auftritt, mag verwundern. Aber hier existierte seit 759 eine Königs-, später eine Kaiserpfalz, in der sich mancher karolingische Herrscher, etwa Ludwig der Deutsche oder Karl der Dicke, gerne aufhielt. Der Name, den sie für den gesamten See letztendlich erfolgreich durchsetzten, sollte deutlich machen, dass hier nun nicht mehr die Alemannen, sondern die Karolinger das Sagen hatten. Vielleicht half Ersteren eine Erklärung des alemannischen Abts Walahfrid, der im neunten Jahrhundert den bereits eingebürgerten Namen dahingehend erklärte, dass er aus dem Griechischen, von potamos, das heißt Fluss, herstamme. So oder so, der Name hatte Bestand, allerdings nur im deutschen Sprachraum.

In anderen Ländern verbindet man den Bodensee zumeist mit der größten an seinen Ufern gelegenen Stadt. Lake Constance heißt der Bodensee auf Englisch, Lac de Constance auf Französisch, lago de Constanza auf Spanisch. Dass einige in Deutschland Schwäbisches Meer zum Bodensee sagen, sei der Vollständigkeit halber zumindest vermerkt, wenn auch mit dem Zusatz, dass darüber die badischen Anrainer alles andere als erfreut sind. Sind es ihrer Meinung nach doch vor allem die Schwaben, die »ihren« See verschmutzen.

Verschmutzt wurde er aber lange Zeit vor allem von den Anwohnern. In den fünfziger und sechziger Jahren des letzten Jahrhunderts, nachdem die Plumpsklos durch Wassertoiletten ersetzt worden waren, gelangten ungereinigte Abwässer in den See, weil zu wenige Kläranlagen im Einsatz waren. Zusätzlich sorgten die Waschmittel der in Mode kommenden Waschmaschinen dafür, dass das Wasser mit einer großen Menge an Phosphat angereichert wurde. Ich erinnere mich daran, wie wir uns als Jugendliche beim Schwimmen in den Algen verhedderten. 1979 stand der See kurz vor dem Umkippen. Im letzten Augenblick trugen die gemeinsam beschlossenen Umweltschutzmaßnahmen der Anrainerstaaten Früchte, wie zum Beispiel der Bau von mehreren hundert Kläranlagen. Heute können über vier Millionen Baden-Württemberger wieder und hoffentlich noch lange Wasser aus dem Bodensee trinken.

COSTNITZ

Der Bodensee ist so etwas wie eine Drehscheibe. Irgendwie muss man um ihn herum, wenn man reisen will. Die Schweizer Orte Romanshorn und Rorschach waren für mich Durchgangsstationen auf dem Weg nach Italien, Friedrichshafen auf dem Weg ins Allgäu zum Skifahren ebenso wie Lindau. Allerdings gewann dieser Ort in meiner Phantasie als Schüler ein besonderes Flair, weil in der Nähe der Haltestelle, an der ich Tag für Tag auf den Bus in die in Stockach gelegene Schule wartete, eine Werbung an einer Hauswand angebracht war: *Bayerischer Hof*, stand darauf in weißer Schrift auf schwarzem Grund, *noch 67 Kilometer*. Eine Stadt mit einem Hotel, welches sich Werbung in solcher Entfernung erlauben kann, musste etwas Besonderes sein. Immer mal wieder bat ich meine Eltern, auf dem Weg ins Allgäu einen Abstecher zu diesem Hotel zu machen, doch sie wollten von einem solchen Umweg nichts wissen. Erst vor wenigen Jahren, als ich in Lindau wieder einmal den Anschlusszug verpasst und eine gute Stunde Aufenthalt hatte, habe ich den Bayerischen Hof aufgesucht, für eine Tasse Kaffee und ein Stück Kuchen. An beidem, ebenso wie an dem stattlichen Gebäude, das gerade noch pünktlich zur Bahnhofseinweihung Anfang März 1854 fertig geworden war, gab es nichts auszusetzen. Aber wie es so geht mit den Träumen, die der Wirklichkeit vorausgehen – jener gelingt es nur selten einmal, diese einzuholen.

Von einigen Städten sind mir Bilder aus der Zeit geblieben, zu der ich bei der Motorbootgesellschaft Bodman-Ludwigshafen angestellt war, als Anleger und Kassierer. Die Stadt Überlingen vor allem ist mir ins Gedächtnis eingebrannt, die wir drei-, im Hochsommer auch viermal anliefen. Ein einladendes Panorama tat sich gerade an Sommertagen vor mir auf, mit der Greth, dem einstigen Handels- und Kornhaus, und dem Münster, den eng aneinander gerückten Fachwerkhäusern, mit der Uferpromenade, auf der auch, wie ich wusste, berühmte Persönlichkeiten, etwa Max Frisch oder Martin Walser, entlangschlenderten – nach denen aber hielt ich vergeblich Ausschau. Ab und zu einmal wurde ich für Ausflugsfahrten eingeteilt, die von Bodman aus in die nähere Umgebung, aber auch schon mal nach Bregenz oder nach Stein am Rhein führten. Ich erinnere mich an eine Fahrt nach Romanshorn, die anlässlich eines achtzigsten Geburtstags stattfand. Die Jubilarin, eine kleine, schlanke Dame, lud den Kapitän und mich, gleich nachdem sie das Schiff betreten hatte, mit zum Festessen ein. Ungefähr auf halber Strecke brach aus heiterem Himmel ein Sturm los, ohne Gewitter, ohne Regen, kaum eine Wolke war zu sehen, dafür mit einem Wind, wie er seinesgleichen sucht. Der Bug hob sich beträchtlich aus dem Wasser, einige der Wellenberge schwappten über die Reling. Windstärke neun wird es gewesen sein, vielleicht auch nur acht. Jedenfalls genügte er, um die Gäste, als sie in Romanshorn an Land gingen, in einen dauerhaften Schwindel zu versetzen. Im Restaurant sagte die Jubilarin, sie müsse sich am Tisch festhalten, weil sie glaube, der Boden schwanke. Außerdem war ihr und den meisten anderen der Geburtstagsgesellschaft der Hunger vergangen, weshalb der Kapitän und ich immer wieder gebeten wurden, nochmals zuzugreifen. Auf der Rückfahrt war mir übel, allerdings nicht vom Sturm, sondern vom vielen Essen.

Konstanz schließlich war für mich die Stadt, aus der die Zeitung, der *Südkurier*, und damit die große Welt bis zu uns nach Ludwigshafen kam. Und die Einkaufsstadt. Einkaufen hieß aber nicht, dass man wie bei den Einkaufsfahrten nach Stockach und Überlingen in aller Eile durch die Geschäfte hetzte und die notwendigen Lebensmittel besorgte. Nach Konstanz fahren, hieß, sich Zeit zu nehmen, Zeit dazu, sich, wie meine Eltern sagten, Geschäfte anzuschauen. Zum Mittagessen ging es ins Restaurant Elefant und danach unbedingt über die Grenze nach Kreuzlingen, in den Migros, wo wir uns über die Maßen mit Lebensmitteln, vor allem, darauf bestanden wir Kinder, mit der unübertroffenen Schweizer Schokolade eindeckten.

Konstantia hieß die Stadt zunächst wegen des römischen Kaisers Konstantin I. oder wegen seines Enkels Konstantin II., die beide erfolgreich gegen die Alemannen kämpften. Später kamen die Namen Costentz, Costanze und Kostinz auf. Auf eine andere Bezeichnung der Stadt, Costnitz, stieß ich erstmals bei der Lektüre von Wilhelm Raabes historischer Erzählung *Des Reiches Krone*, die während der durch die Verbrennung des tschechischen Reformators Jan Hus ausgelösten Hussitenkriege spielt. Auch wenn der Name, wie der Kommentar verrät, einem Lesefehler geschuldet ist, wurde er besonders im ausgehenden Mittelalter vielfach verwendet.

Wer mit dem Zug in die größte Stadt am Bodensee fährt, der kommt kurz vor dem Bahnhof am Konzilsgebäude vorbei, von dem ich lange glaubte, hier hätten sämtliche Versammlungen während des spätmittelalterlichen Großereignisses stattgefunden, dem Konstanzer Konzil, das von 1414 bis 1418 dauerte. Weit gefehlt. Das imposante Haus wurde gar nicht für die Weltgeschichte, sondern bereits wenige Jahrzehnte früher *für die Welschen von Mailand* gebaut. Es handelte sich um ein Kaufhaus und zugleich um ein sichtbares Zeichen für die damalige Bedeutung der Stadt im internationalen Handel. Nur eine, allerdings eine immens wichtige Versammlung fand hier im Jahr 1417 statt, das Konklave, auf dem ein neuer Papst gewählt und damit endgültig die seit 1378 andauernde Kirchenspaltung, während der zuletzt drei Päpste regierten und sich gegenseitig verketzerten, beendet wurde. Zumeist aber tagten die europäischen Persönlichkeiten im Münster.

Mit dem Konstanzer Konzil trat die damals zwischen sechs- und achttausend Einwohner zählende Stadt tatsächlich ins Rampenlicht zumindest der europäischen Öffentlichkeit. Ein zeitgenössischer Chronist berichtet von über sechzigtausend Gästen, was ich mir ebenso wenig vorstellen kann wie der Schriftsteller Dieter Kühn, der über einen der heutzutage berühmtesten Konzilsteilnehmer, Oswald von Wolkenstein, eine umfangreiche Biographie verfasst hat. Es wird sich wohl um die Gesamtzahl der Gäste in sämtlichen Konzilsjahren gehandelt haben. Zu ihnen zählten neben dem frisch gekrönten Kaiser Sigismund, der nicht ganz uneigennützig in die Bodenseestadt eingeladen hatte, Päpste, Kardinäle, Bischöfe, Priester, Gelehrte, weltliche Würdenträger, Prostituierte, Gaukler und Gauner. Man trieb Kirchen- und Weltpolitik, Universitäts- und Städtepolitik.

Man rang um die Einheit und die Reformierung der Kirche. Man ergötzte sich an der Verbrennung der böhmischen Gelehrten Jan Hus und Hieronymus von Prag. Man wohnte Prozessionen und Predigten bei, ging lauteren und unlauteren Geschäften nach. Mag sein, dass der Einblick in das *liederliche Lotterleben*, den Honoré de Balzacs Erzählung *Die schöne Imperia* in das Spektakel gab, übertrieben war. Aber wer weiß – in eine Kleinstadt, in der, aller Wahrscheinlichkeit nach ebenfalls über die Jahre verteilt, achthundert, vielleicht sogar tausendfünfhundert Prostituierte ihrem Gewerbe nachgingen und in der Papst Johannes XXIII., welcher sich nicht freiwillig entpapsten lassen wollte, unter anderem wegen Unzucht und Sodomie angeklagt wurde, mag sehr wohl ein *bildhübsches kleines Pfäfflein* passen, dem eines Nachts der Teufel ins Ohr raunt, dass es sich doch wie jeder andere auch den *prachtvoll aufgeputzten Buhlerinnen* zuwenden solle. Nach diversen herben Fehlschlägen trifft der Mann auf die titelgebende Schönheit: *So verwirrt war er vom Anblick des holdseligen Weibes, denn sie war schöner und begehrenswerter als eine Sirene, wenn sie den Fluten entsteigt* … Peter Lenk, einer der bekanntesten und provokantesten Bildenden Künstler am Bodensee, ist durch die Balzacsche Imperia zu einem in der Konstanzer Hafeneinfahrt zu besichtigenden Kunstwerk inspiriert worden, bei dem allerdings von der Holdseligkeit nicht mehr viel übriggeblieben ist. Philipp von Mala, so heißt der Balzacsche Faust, legt sich jedenfalls gewaltig ins Zeug und das mit Erfolg: Den Bischof von Chur und den Kardinal von Ragusa, die ebenfalls ein Auge auf die *wahre Königin des Konzils* geworfen haben, sticht er trickreich aus und kann daher am Ende der Geschichte seinen Liebeshunger stillen.

Ein zeitgenössischer Beobachter, jener bereits erwähnte Minnesänger Oswald von Wolkenstein, gab sich in seinen Liedern weitaus moderater. Der spätmittelalterliche Minnesänger will in Konstanz die *holdesten Frauen* gesehen haben und nicht nur das: Im Reihentanz haben sie ihn *fest ans Herz gedrückt*. Viel *Lust und Freude* sind in Konstanz zu finden, doch deswegen erscheint es ihm nicht als Sündenpfuhl, sondern vielmehr als *wunnikliches paradis*. Wie für mittelalterliche Literatur üblich, geht es in den Wolkensteinschen Liedern zwar nicht um eine »wahre« Wiedergabe der Wirklichkeit, sondern um Variationen vorgegebener Liedfassungen. Aber dazu muss ihn ja irgendetwas inspiriert haben …

Jan Hus, der am sechsten Juli 1415 öffentlich verbrannt wurde, überschüttete niemand anderes als Oswald von Wolkenstein mit Spott und Hass: *He, Hus, das ganze Leid schlag um in Haß auf dich! Und Luzifer, auf den Pilatus hört, er soll dich holen.* Heute ist die Stadt bemüht, den Hingerichteten zu würdigen – in einem Fachwerkhaus am Schnetztor, in dem der Reformer der Überlieferung nach vor seiner Verhaftung übernachtete, wurde ein Hus-Museum eingerichtet, die Straße, in der sich das Museum befindet, heißt nach dem Tschechen, zudem befindet sich ein großer Findling im heutigen Stadtteil Paradies an der Stelle, an der Hus angeblich verbrannt wurde.

DIALEKT

In der neunten Klasse bat mich meine Lateinlehrerin nach dem Unterricht nach vorne. Sie war neu am Stockacher Nellenburg-Gymnasium, eine kleine, zähe, geradezu soldatisch wirkende Person, die sich nachts, so glaubten wir Schüler jedenfalls, mit Cäsars *Gallischem Krieg* in den Schlaf wiegte. Sie sagte mir, dass mein Deutsch unmöglich sei, aber viel schlimmer noch, der alemannische Dialekt, den sie hinterwäldlerisch nannte, würde auch meine lateinische Sprache verunreinigen. »Eschd« etwa statt »est« zu sagen, das ginge überhaupt nicht. Ich müsste das schleunigst korrigieren, sonst würde sie mir dafür im Zeugnis eine Note abziehen. Halbherzig nur folgte ich dem Rat, aus Eigensinn vor allem, weil die Lehrerin meine Sprache schlechtredete, sodass mir noch zu Beginn des Studiums nahegelegt wurde, einen Deutschkurs bei der Volkshochschule zu belegen.

Irgendwann habe ich mir angewöhnt zu switchen, zwischen einem mehr oder weniger salonfähigen Hochdeutsch, das allerdings nach wie vor meine geographische Herkunft deutlich macht, und einem auch nicht mehr lupenreinen Alemannisch. So wird es den meisten meines Alters und den Jüngeren ergehen: Wir sprechen keinen Dialekt mehr, sondern, wie Martin Walser schreibt, einen *Landläufigkeitsmischmasch*. Wenn ich mich mit einem älteren Menschen aus meiner Heimat am Telefon unterhalte, muss ich mir sagen lassen: Schwetz amol gscheit, und nach dem Gespräch fragt meine Frau: Hast du wieder mit dem Bodensee telefoniert? Du sprichst so komisch. Ich bin ihn also nie richtig losgeworden, meinen Dialekt. Und ich habe mir schon öfter eine Frage Martin Walsers gestellt: *Da man diese Muttersprache also keinesfalls loswird, beginnt man sich zu fragen, ob sie eine Hemmung sei, eine andauernde Ausdrucksbeschwernis und Langsamkeit oder ob man ihr auch etwas zu verdanken habe.* Ich kann diese Frage nur mit Jein beantworten.

Manchmal geht er mir schon auf die Nerven, mein Dialekt, weil ich ihn nicht unter Kontrolle habe, weil er gerade dann, wenn ich aufgeregt oder nervös bin, gegen meinen Willen durchbricht. Und vielleicht auch, weil ich das Vorurteil, dass es von der dialektalen Sprache zur Heimattümelei nur ein ganz kleiner Schritt sei, nicht von der Hand weisen kann. Es ist schon so, dass der Dialekt mit dazu beiträgt, sich zu verschanzen im Hinterwäldlerischen und Provinziellen und weniger Neugierde zu verspüren für das Fremde. Es ist schon so, dass der Dialekt aus seiner Verschanzungstendenz heraus einige vor der Tür stehen lässt oder sie vor die Tür setzt.

Doch zugleich höre ich es gerne, das Alemannische, wie es am Bodensee auf verschiedene Art und Weise gesprochen wird. Das mag sentimentalen Anwandlungen geschuldet sein, und dem utopischen Wunsch, zu dem zurückzugelangen, was, wie Ernst Bloch am Ende von *Das Prinzip Hoffnung* schreibt, *allen in die Kindheit scheint und worin noch niemand war: Heimat*. Der Freund, mit dem ich einst vor Weihnachten am Haldenhof stand, lebt heute in Berlin und arbeitet sehr erfolgreich als Headhunter. Nur selten gelingt ihm ein Abstecher in die Heimat. Doch als seine Tochter geboren wurde, war es ihm ein Anliegen, die freudige Nachricht auch den Menschen in Ludwigshafen mitzuteilen. In die Lokalnachrichten, das *Blättle*, setzte er folgende Anzeige: *Z'Berlin giit's sittem 10.10.10 no ä Häflere mee: Paulina Anna. Die freit sich etzt scho uff d'Guggebüel obe, d'Kriesebämm im Blieteweg, d'Gundel im Lettloch und am meischte uff d'Fasnet im Hafä.* Als ich ihn fragte, was ihm diese Anzeige bedeute, sagte er, dass für ihn der Dialekt das letzte, ja vielleicht auch utopische Residuum einer einstmals tiefempfundenen Zugehörigkeit zum Bodensee sei. Hier habe er sich ein klitzekleines Stück Zuhause aufgehoben. Seiner Tochter wünsche er, dass sie sich, wo immer sie in der Welt lande, die Zugehörigkeit zu einem Ort wie er bewahre. Das könne Berlin sein, klar, aber wenn es der Bodensee wäre, hätte er ganz und gar nichts dagegen. Die vielleicht utopische Sehnsucht meines Freundes nach Aufgehobenheit konnte und kann ich gut nachvollziehen. Aber es gibt noch mehr Gründe dafür, weshalb ich meinen Dialekt oder Dialekte generell (die meisten jedenfalls) gerne höre.

Bei der Lektüre von Uwe Johnsons Roman *Jahrestage* ist mir besonders aufgefallen, wie sehr dem Plattdeutschen auch eine poetische Kraft innewohnt. Ähnlich ergeht es mir bei der Lektüre mancher Dialektgedichte von Bruno Epple und Manfred Bosch. Letzterer, der dem Genre schon lange den Rücken gekehrt hat, nutzt das Alemannische auch, um die *Großkopferte* aufs Korn zu nehmen beziehungsweise gesellschaftliche Missstände anzuprangern. Damit rückt er den Dialekt in die Nähe von Überlegungen Martin Walsers, demjenigen unter den deutschen Nachkriegsschriftstellern, der die bewussteste Einstellung zum Dialekt hat. In seinem Essay *Bemerkungen über unseren Dialekt* von 1967 definiert er Dialekt als die *erste Sprache*, als *das äußerste Gegenteil einer toten Sprache*. Sie gibt für ihn auch die Folie ab, *Unhaltbares* in der Ausdrucksnorm zu entlarven. Wer in einem alten Dialekt aufgewachsen sei, dem entsteht zwischen seiner Muttersprache und dem Hochdeutschen eine *lebenslängliche Spannung*, die unter anderem bewirke, das *Hochstaplerische* der Hochsprache zum Vorschein zu bringen.

EKKEHARD & CO

Geschichte ist eine Wunschmaschine. Übers Mittelalter zu reden und schreiben heißt, Wünsche zu verhandeln. Diese Sätze und die folgenden habe ich bei dem Luzerner Historiker Valentin Groebner gelesen. *Denn diese Epoche ist buchstäblich durch Wünsche erschaffen worden, vor mehreren hundert Jahren, und seither wird sie mit Wünschen entworfen, umrissen, ausgestattet und möbliert.* Wie sehr das Mittelalter einer Wunschmaschine gleicht, belegt in aller Deutlichkeit einer der erfolgreichsten Romane, der am Bodensee spielt, Joseph Victor von Scheffels *Ekkehard.* Die im zehnten Jahrhundert angesiedelte Geschichte handelt von dem jungen Mönch Ekkehard II. aus St. Gallen, den die Herzogin von Schwaben, Hadwig, auf ihr Hohentwieler Schloss zitiert, damit er sie Latein lehre. Bereits die ersten Rezensionen empfahlen die Lektüre besonders den Reisenden, *die sich den Sommer über in den schönen Badeorten oder Landhäusern am Bodensee aufzuhalten pflegen.* Scheffel ist auf den Ekkehard-Stoff 1854 während eines Aufenthalts in St. Gallen aufmerksam geworden, wo er in der einmaligen Stiftsbibliothek rechtswissenschaftliche Studien für seine Habilitation betreiben wollte, dann aber mehr und mehr von der den Quellen innewohnenden Poesie fasziniert war.

In den *St. Galler Klostergeschichten*, verfasst von Ekkehard IV., wird die Geschichte von Ekkehard II. oder Ekkehard Palatinus und Hadwig erzählt. Der Mönch tritt trotz seiner jungen Jahre als Inbegriff von Gelehrtheit auf, die Herzogin lernt trotz ihres hochfahrenden Temperaments eifrig, und ja, wer möchte, kann zwischen den Zeilen Andeutungen einer größeren wechselseitigen Wertschätzung lesen. Scheffels Roman erscheint 1855, doch seine eigentliche Blütezeit beginnt mit dem Deutsch-Französischen Krieg von 1870/71. *Ekkehard* steigt dann auf zum *Lieblingsbuch der deutschen Nation*, was sich auch in Zahlen niederschlägt: Dreißig Jahre nach dem Tod des Verfassers 1886 auf der Mettnau waren bereits 420 000 Exemplare verkauft. Davon konnten zeitgenössische Autoren wie Theodor Fontane nur träumen. Heute ist der historische Roman leider weitgehend vergessen, trotz einer im kleinen Libelle-Verlag erschienenen wunderbaren Neuausgabe. Selbst die im Zuge von Umberto Ecos Bestseller *Der Name der Rose* wieder einmal auch in Deutschland neu entflammte Mittelalter-Begeisterung konnte daran nichts ändern, obwohl Scheffels Roman gleich in zweifacher Schnittfassung auf den Markt kam, als Spielfilm und als sechsteilige Serie.

Selbstredend bauen sowohl der Roman als auch die Verfilmungen die vagen Andeutungen gegenseitiger Wertschätzung zwischen dem Mönch und der Herzogin in den *Klostergeschichten* zu einer ebenso leidenschaftlichen wie tragisch endenden Liebesgeschichte aus, wobei im Film der erotischen Komponente einiges mehr an Raum gegönnt wird. Der Krieg gegen die Ungarn füllt zwar auch bei Ekkehard IV. so manche Seite, doch erlebt der seinen Höhepunkt aus der Sicht des Chronisten beim Sturm auf St. Gallen 926. Roman und Film nehmen sich die Freiheit, den kriegerischen Konflikt um ein halbes Jahrhundert nach hinten zu verschieben, um den heldenhaften Kampf der Deutschen beziehungsweise die Grausamkeit des Krieges hervorzuheben. Auch die Landschaft, die bei dem Chronisten Ekkehard IV. keine Rolle spielt, erfährt in beiden Medien jeweils unterschiedliche Verwendung. An der Art und Weise, wie der Bodensee und seine Umgebung dargestellt werden, lässt sich zeigen, wie das Mittelalter als Wunschmaschine fungiert, im neunzehnten ebenso wie im zwanzigsten Jahrhundert. Fröhlich verlässt Ekkehard in Scheffels Roman das Kloster und wandert durch eine idyllische Landschaft, in der ihm *aus der Ferne, wie reiche Zukunft, des Bodensees Spiegel* entgegenglänzt. Im Film hingegen muss sich der Held durch unwegsame Wälder kämpfen. Das Grauen packt ihn, als er im Dickicht eine verwesende Leiche entdeckt, er flieht vor einem Bären, und beinahe wird er von einem Wegelagerer ermordet. Hier das helle, dort das dunkle Mittelalter. Hier die Schilderung einer guten alten Zeit, die der Gegenwart als Ideal vor Augen stehen soll. Dort eine böse alte Zeit, die dem Zuschauer die Probleme und Bedrohungen der Gegenwart vor Augen stellen soll. Roman und Film sagen viel über ihre jeweilige Gegenwart aus, in der sie entstanden sind, auch über Wünsche, die sie in die Vergangenheit hineinprojizieren. Das Schöne daran ist, dass so das Mittelalter immer wieder neu und – das belegen jedenfalls die Ekkehard-Adaptionen – immer wieder spannend erzählt wird.

Ekkehard II. und sein Chronist Ekkehard IV. sind nur zwei von vielen Mönchen, die damals in der Bodenseeregion lebten. Auch hierfür gibt es keinen Kundigeren als den

Konstanzer Historiker Arno Borst, der in seiner fast sechshundert Seiten langen Studie über *Mönche am Bodensee* so viel Wissen ausgebreitet hat, dass einem schwindelig werden kann. Er macht deutlich, wie sehr durch die Anwesenheit eines Kolumban, eines Gallus, eines Pirmin oder eines Otmar vom sechsten Jahrhundert an die soziokulturellen Verhältnisse grundlegend umgekrempelt wurden. Die allesamt heiliggesprochenen Mönche initiierten eine Kultivierung der Region, das heißt sie arrangierten die Natur so, dass sie besiedelt werden konnte: Pirmin, der um 724 den Auftrag erhielt, auf einer Insel ein Haus der Andacht zu gründen, stieß dort auf *Schlangen, Kröten und greuliche Würmer*, die er in die Flucht zu schlagen verstand. Anschließend reinigten er und seine Mitstreiter die Insel *von dem wildverschlungenen Gesträuche, die Sonne fand Eingang*, und die Mönche begannen mit dem Klosterbau. Auf diese Weise wurde Pirmin zum Gründer der Abtei auf der Reichenau.

Zweihundert Jahre später lebte Walahfrid Strabo in der Abtei auf der Reichenau. Der Benediktiner gilt vielen und auch mir als erster schwäbischer Dichter. Auch wenn Walahfrid von der Reichenau, der den Beinamen Strabo, der Schielende, aufgrund eines Augenfehlers erhalten hat, Arno Borst zufolge *mit Leib und Seele* Mönch war, erinnere ich ihn als den Verfasser eines der wichtigsten frühen literarischen Zeugnisse vom Gartenbau in Mitteleuropa und somit als einen der Urväter der heutigen Kultur der Insel, die weniger eine klösterliche als vielmehr eine gärtnerische ist. In dem lateinisch verfassten Lehrgedicht *De cultura hortorum*, zu Deutsch *Von der Pflege der Gärten*, schildert

Walahfrid Beobachtungen und praktische Erfahrungen, die er in seinem eigenen Klostergarten gesammelt hat. Sein Garten ist in erster Linie ein Apothekergarten und besteht aus 24 Beeten mit ebenso vielen verschiedenen Pflanzen. Diese werden im Gedicht in eigenen Kapiteln vorgestellt, wobei der Nutzen und die Heilwirkung der Pflanzen ebenso beschrieben werden wie ihre Schönheit und ihre Symbolkraft. Die Gladiole oder Schwertlilie wird, um nur einen kleinen Eindruck von Walahfrids Sprache zu vermitteln, mit folgenden Worten gefeiert:

Da will ich nicht übergehn, Gladiole, deren Benennung
Nach dem Namen des Schwerts freischaffende Sprache gebildet.
Du bescherst mir den Schmuck deiner purpurfarbenen Blüte
Früh im Sommer an Stelle des dunkellieblichen Veilchens.
Oder du gleichst Hyacinth, der am Altar Apollos als Blume
Wiedererstand, aus dem Tod des zarten Jünglings geboren
Und an der Blüte Stirn seines Namens Zeichen verewigt.
Deiner Wurzel getrocknete Stückchen lösen zerrieben
Wir in flüssigem Wein, und der Blase grausame Schmerzen
Dämpfen nicht minder wir trefflich mit diesem künstlichen Heiltrank.

FREUD AM BODENSEE

Im Sommer 2010 weilten Stars wie Keira Knightley, Michael Fassbender und Viggo Mortensen am Bodensee. *A Dangerous Method* heißt der Film, der im Sommer 2011 in den deutschen Kinos angelaufen ist. Die russische Jüdin Sabrina Spielrein (Knightley) begibt sich wegen hysterischer Anfälle in die Obhut von Carl Gustav Jung (Fassbender). Die beiden verlieben sich ineinander, sehr zum Verdruss von Dr. Sigmund Freud (Mortensen), der die Grenzverletzung des verheirateten Kollegen aufs schärfste verurteilt, später aber, als sich die schöne Frau in Wien aufhält, selbst ihren Reizen erliegt. Die Klinik Jungs befand sich in Zürich, und dort spielt der Film auch, gedreht aber wurde er am Bodensee, weil das Schweizer Gewässer den Verantwortlichen wie dem kanadischen Regisseur David Cronenberg zu zersiedelt erschien. Für das Beziehungswirrwarr zwischen Patientin und Ärzten mussten daher einige ausgewählte Orte in die Zeit um 1910 zurückversetzt werden. So wurden unter anderem in Konstanz Blumenbeete umgesetzt, Gaslaternen aufgestellt, Straßen abgesperrt und deren Teerbelag mit Kies abgedeckt. Der Bodensee sagte den Stars wohl zu. Kneightley war segeln, und Mortensen kurvte mit seinem Motorrad durch die Gegend.

Realiter spielte der Bodensee in der Lebensgeschichte der beiden Psychoanalytiker durchaus eine Rolle. Jung wurde dort geboren, 1875 im Pfarrhaus von Kesswil, und

Freud war zumindest am Pfingstwochenende 1912 bei der Familie Binswanger zu Besuch. Ludwig Binswanger leitete seit 1910 in Kreuzlingen die von seinem Großvater 1857 gegründete Privatanstalt Asyl Bellevue für Nerven- und Geisteskranke. Wohlhabende Bürger ließen sich hier behandeln, die unter anderem von Sigmund Freud, von C. G. Jung oder von Freuds Freund Josef Breuer nach Bellevue überwiesen wurden. Zu ihnen zählte Bertha Pappenheim, eine Wiener Großbürgerstochter, die laut der Diagnose Breuers an der damaligen weiblichen Modekrankheit Hysterie litt und sich deshalb am Bodensee aufhielt, wo sie von Ludwig Binswangers Vater betreut wurde. Unter dem Namen *Anna O.* ging sie in Breuers und Freuds *Studien über die Hysterie* aus dem Jahr 1895 ein. Beide Ärzte erklärten darin die Patientin als vollständig geheilt. Der Erfolg war vor allem Bertha Pappenheims Mitarbeit zu verdanken, die sich ihre Ängste in einer Sprechtherapie von der Seele redete – sodass Freud später sagte, sie sei die *eigentliche Begründerin des psychoanalytischen Verfahrens*. Daneben hielten sich zahlreiche Künstler und Intellektuelle in Bellevue auf, denen Binswanger zum Teil kostenlose Heilplätze anbot. Behandeln ließen sich hier etwa der Schauspieler Gustaf Gründgens, der Architekt Henry van de Velde, der Maler Ernst Ludwig Kirchner und die Schweizer Schriftstellerin Annemarie Schwarzenbach.

Auf Einladung Jungs reiste Binswanger 1907 nach Wien und lernte dort Freud kennen. Die Begegnung, so heißt es in einem meiner Lieblingsbodenseebücher, Manfred Boschs *Bohème am Bodensee*, *war der Beginn einer langen, wenn auch alles andere als gleichwertigen Freund-*

schaft. Immerhin durfte Binswanger 1936 anlässlich des achtzigsten Geburtstags von Freud neben Thomas Mann eine Festrede halten. Als Freud den fünfundzwanzig Jahre Jüngeren am Bodensee besuchte, musste der Gast *wie der liebe Herrgott* behandelt worden sein. Von der Landschaft schwärmte er in einem Brief: *Das Gelände um den See ist ein Garten, Konstanz liegt zauberhaft schön wirklich am Bodensee dort, wo der Rhein hinausfließt, der* Hohentwiel, *aus Ekkehard bekannt, der Turm von* Radolfzell, *die Insel Reichenau; es kommt da allerlei zusammen.* Wenn man Binswanger Glauben schenken darf, schwärmte der Arzt aber weniger von seiner Arbeit. *Den Hals umdrehen könnte ich ihnen allen*, soll er auf die Frage geantwortet haben, wie er zu seinen Patienten stehe.

GESÄNGE FÜR DIE LIEBE

Kirchliche Einrichtungen wie das Bistum Konstanz und die Reichsklöster St. Gallen und Reichenau sorgten zwischen dem zehnten und elften Jahrhundert für eine einheitliche Bodenseekultur, wie sie seitdem nie wieder erreicht worden ist. Hier auch begann die deutsche Volkssprache zur Literatursprache zu werden. Der Benediktinermönch Notker III., Leiter der Klosterschule in St. Gallen, verfasste um 1000 nicht nur den ersten mittelalterlichen Aristoteleskommentar, sondern übersetzte einzelne Werke der antiken lateinischen Literatur, etwa von Seneca oder Cicero, ins Althochdeutsche. Dabei entwickelte er zum ersten Mal eine phonetisch eindeutige Rechtschreibung der deutschen Sprache.

Die kirchliche Herrschaft verhalf auch der Kultur und Literatur zum Aufschwung. Manifestes Zeugnis dafür ist der zwischen 1300 und 1340 entstandene Codex Manesse, auch Große Heidelberger Liederhandschrift genannt. Berühmt wurde die Handschrift vor allem durch ihre farbenprächtigen, ganzseitigen Miniaturen, die den Liedern von 137 der Autoren vorangestellt sind. Die Miniaturen zeigen die Dichter in idealisierter Form bei höfischen Aktivitäten und gelten als bedeutendes Dokument oberrheinischer gotischer Buchmalerei. Der Schriftsteller Gottfried Keller entfaltet in einer Novelle, die den Titel *Hadlaub* trägt, die Geschichte des gleichnamigen Schweizer Minnesängers und die Entstehung der Liederhandschrift in Zürich. Ob tatsächlich, wie darin geschildert, der damalige Konstanzer Bischof Heinrich von Klingenberg die umfangreichste Sammlung mittelhochdeutscher Lied- und Spruchdichtung betreute, mag übertrieben sein. Für ihre Entstehung dürften in erster Linie einflussreiche Züricher Familien, insbesondere die Manesses, verantwortlich zeichnen. Doch zweifellos trat der Konstanzer Kirchenfürst als Gönner des Codex Manesse auf.

Zu den im Codex Manesse publizierten Dichtern zählten auch solche, die in der Bodenseeregion lebten, wie der oberhalb von Sipplingen ansässige Burkhart von Hohenfels. Die Herren der Burg, von der nur spärliche Reste übrig geblieben sind, waren vermutlich Ministerialen des Bischofs von Konstanz. Urkundlich nachgewiesen ist Burkhart – wobei nicht hundertprozentig geklärt ist, ob es sich um die gleiche Person handelt – zwischen 1212 und 1242. Seine Minnelieder zeichnen eine *virtuose Eleganz des Metrisch-Rhythmischen* aus, wie der Literaturwissenschaftler Volker Mertens schreibt, inhaltlich öffnen sie sich stärker als Minnelieder davor hin zum Sinnlich-Derben und Tänzerischen. In einem der Gedichte, die im Codex Manesse nachzulesen sind, vertreiben sich adlige Jugendliche mit Tanz und Gesang die Zeit. Trotziger Widerspruch gegen die strenge höfische Zucht kommt in diesem vergnüglichen Beisammensein zum Ausdruck, und der Dichter verstärkt diese Haltung durch ein als Refrain sich ständig wiederholendes Bekenntnis zu *Freude und Freiheit*.

Burkharts Kollege Walter von Klingen wohnte zeitweise in der über dem malerischen Schweizer Städtchen Stein am

Rhein thronenden Burg Hohenklingen, deren mittelalterliches Aussehen bis heute gewahrt blieb. Seine im Codex Manesse vertretenen Minnelieder besitzen ebenso einen klassischen Stil wie diejenigen Ulrichs von Singenberg, der vor allem in St. Gallen wirkte. Singenberg verstand sich als Schüler Walthers von der Vogelweide und setzte dessen Klage über den Niedergang des höfischen Gesangs fort. Beschwert hätte sich Singenberg in jedem Fall über den ebenfalls im Codex Manesse vertretenen Steinmar, dessen biographische Identität bis heute nicht zweifelsfrei feststeht. Wahrscheinlich aber handelt es sich um den urkundlich zwischen 1253 und 1293 belegten Aargauer Ritter Berthold Steinmar von Klingnau. Seine Gedichte favorisieren eine davor so auch nicht von Burkhart besungene Sinnlichkeit. Diese »niedere« Minnekunst kehrt sich ab vom Ideal höfischer Minne-Vorstellungen, zu denen das Maß und die ritterliche Zucht in der notwendig unerfüllt bleibenden *hohen Liebe* zu einer standesgemäß verheirateten edlen *frouwe* gehören. Weil ihr Minnesang von der Angebeteten nicht belohnt wird, suchen die Helden von Steinmars Gesängen Trost in irdischen Genüssen, herbstlichen Tafelfreuden und maßloser Völlerei. So fordert der Geschmähte in Steinmars *Herbstlied*: *Wirt! Du sollst uns Fische geben, mehr als zehnerlei, Gänse, Hühner, Vögel, Schweine; Würste und Pfauen soll es geben, Wein aus welschem Lande. Davon gib uns viel und sag, man soll uns die Schüsseln füllen: Becher und Schüssel werden von mir bis auf den Grund geleert.*

Ebenfalls am Bodensee ansässig, aber weniger auf Minnelieder denn auf Epik abonniert war Rudolf von Ems. Er entstammt wahrscheinlich aus einer in Hohenems im Vorarlberger Rheintal ansässigen Ministerialenfamilie. Da er sich selbst als *dinstmann zü montfort* bezeichnet, wird er in Diensten der Grafen von Montfort gestanden haben. Sein erstes Werk verfasste Rudolf von Ems zwischen 1215 und 1225 im Auftrag eines bischöflichen Ministerialen aus Konstanz. *Der guote Gerhart* ist der erste deutsche Roman überhaupt, in dem statt eines Adligen ein bürgerlicher Held im Mittelpunkt steht. Zu seinen weiteren Werken zählen ein volkssprachlicher Legendenroman über das Leben Buddhas und ein unvollendet gebliebenes Werk über Alexander den Großen. Ebenfalls unvollendet blieb sein letztes Werk, die *Weltchronik*, die den Lesern die Geschehnisse des Alten Testaments in zeitgenössischen Vorstellungen vermittelte.

Weniger um Frauen als vielmehr um Gott drehen sich die Dichtungen Heinrich Seuses oder – auf Latein – Susos, den Horst Wolfram Geißler in seinem Roman *Der liebe Augustin* den *Minnesänger der Gottesliebe* nennt und den Martin Walser zum *Inbegriff* der Bodenseeregion erhebt. Zehn Jahre lang sei er an dem Dichter und Mystiker vorbeigegangen, ohne ihn zu erkennen, schreibt der in Nußdorf bei Überlingen wohnende Walser. Der Brunnen, den der Dominikanermönch mit aufgeschlagenem Buch und Schreibfeder ziert, befindet sich auf der dem See zugewandten Seite der Hofstatt, die zu der Zeit, als Walser sein Seuse-Lob verfasste, noch ein vielbenutzter Parkplatz war. Heute ist die Hofstatt für Autos gesperrt, genutzt wird der Platz zweimal die Woche von Marktbetreibern, doch selbst dann kann der Brunnen in Ruhe bewundert werden. Ich nutze die Gelegenheit: Nach der Betrachtung des Gottesfürchtigen begebe ich mich in das nahe gelegene

Altstadt-Café, wo ich mich mit einem Stück wunderbaren, manchmal noch leicht warmen Obstkuchen oder einem Stück Nusszopf wieder erde.

Überlingen hat nicht nur einen Suso-Brunnen, sondern seit 2010 in der Suso-Gasse auch ein Suso-Haus, eine Gedächtnisstätte zu Ehren des Mystikers, der hier, das glauben jedenfalls viele Überlinger, um 1295 auf die Welt gekommen sein soll. Auf der Homepage des Suso-Hauses heißt es ein wenig kryptisch: *Sein Geburtsort ist nicht offiziell bekannt, in Überlingen aber steht ein Haus, das schon lange als sein Geburtshaus gilt.* Dieses soll anderen zufolge in Konstanz stehen, wo immerhin eine Straße, ein Gymnasium, eine Kirche und eine Apotheke nach ihm benannt sind. Wie dem auch sei, der junge Seuse trat auf Geheiß der Eltern in den Orden der Dominikaner in Konstanz ein.

Wenn man seiner *Vita* Glauben schenken darf, einem Dokument, das manchen als erste deutschsprachige Autobiographie gilt, durchläuft er eine Phase grausamer Selbstkasteiung: *Eine Zeit lang*, schreibt er in der *Vita*, *trug er ein Hemd aus Haaren und eine eiserne Kette, bis das Blut von ihm niederrann, so daß er gezwungen war, sie abzulegen. Er sorgte heimlich dafür, daß ein Untergewand für ihn gemacht wurde, und an dem Untergewand hatte er Lederstreifen befestigt, in die etwa 150 eherne Nägel, scharf zugespitzt und gefeilt, getrieben waren, und die Spitzen der Nägel waren stets auf das Fleisch gerichtet.* Weshalb er sich eines Tages von solchen Praktiken distanzierte, wird aus der *Vita* nicht ersichtlich. Jedenfalls legte er die Geißel aus der Hand und predigte stattdessen eine Lebenskunst, die auf *ganze, vollkommene Gelassenheit* aus ist. Diese wird nicht mittels

Kasteiungen erreicht, sondern mit Hilfe *tugendlicher, besonnener Übungen.* Die Schönheit von Seuses Sprache, die Walser in höchsten Tönen lobt, wird nicht nur in vielen Passagen seiner *Vita*, sondern auch aus seinen Briefen ersichtlich, selbst dann, wenn er über seine von Hungersnöten, Pestepidemien und vom Schisma der Kirche geplagte Zeit schreibt: *Die Welt beginnt zu altern, und die Minne beginnt zu erkalten, die schönen Rosen heiliger Andacht beginnen abzufallen. Man findet nun viel mehr scharfen Schlehdorn denn weiße Lilien.*

Landschaft kommt in Seuses Dichtungen nicht vor. Der Bodensee wird nur einmal erwähnt, in seiner *Vita*, wenn er schreibt, dass das Dürsten, eine weitere selbstauferlegte Kasteiung, wegen des vielen Wassers um ihn herum umso schlimmer sei. Auch bei keinem der anderen hier vorgestellten Minnesänger oder dem Epiker Rudolf von Ems spielten der Bodensee und die ihn umgebende Landschaft eine Rolle.

Die Stiftungsurkunde für die Schönheit dieser Landschaft stellte einer der Besucher des Konstanzer Konzils aus, der italienische Humanist Leonardo Bruni. *Lieblich* sei der See, schreibt er, und sein Wasser *sauber und durchsichtig bis auf den Grund.* Wenige Jahrzehnte später schwärmt der ansonsten nicht für seine Landschaftsschilderungen berühmte Erasmus von Rotterdam während eines Besuchs in Konstanz. Die Stadt, schreibt der Gelehrte, *liegt nämlich an einem großen See, der sich mehrere tausend Schritte weit in die Länge und Breite erstreckt und äußerst angenehme Ausblicke bietet. Die Schönheit der Lage wird durch die bewaldeten Berge vermehrt, die nah und fern zu sehen sind.* Leonardo Bruni und Erasmus von Rotterdam bilden Ausnahmen in einem die Landschaft erst langsam entdeckenden Zeitalter. Doch spätestens im achtzehnten Jahrhundert wird das Bodenseeheimatlob groß in Mode kommen.

Selbstverständlich ist Liebe am Bodensee bis in die Gegenwart ein großes Thema geblieben. Ganz im Mittelpunkt stand sie in der Vorabendserie *Sternenfänger*, die 2002 ausgestrahlt wurde. Hier kommt die Landschaft um Überlingen herum voll und ganz zu ihrem Recht. Grüne Hügel, glitzerndes Wasser, beides ununterbrochen von der Sonne beschienen, tauchen leitmotivisch auf, um wirklich jedem klarzumachen, dass es sich nicht lohnt, nach Italien und Spanien in Urlaub zu fahren. Bei den Menschen allerdings, vor allem bei den jugendlichen Helden, geht es drunter und drüber. *Himmelhoch jauchzend, zu Tode betrübt.* Sie verlieben sich, sie sind glücklich, sie trennen sich, sie leiden, sie kommen wieder zusammen, aber nur für kurze Zeit – es könnte nicht schöner, nicht schlimmer sein. Wenn die Kamera über das Wasser gleitet und einfängt, wie Licht und Schatten auf den lieblichen Wellen harmonieren, dann ist man als mitleidender Zuschauer kurzeitig abgelenkt von den Höhen und Tiefen der liebenden Jugendlichen. Aber umso heftiger wird man danach wieder in Mitleidenschaft gezogen, wenn dem einen seine große Liebe wegstirbt und sich der andere partout nicht zwischen zwei großen Lieben entscheiden kann. Es steht in den Sternen, ob der Serie in tausend Jahren noch gedacht werden wird. Die Karten stehen allerdings eher schlecht. In der Gegenwart hat *Sternenfänger*, obwohl Stars wie Nora Tschirner und

Oliver Pocher gewonnen werden konnten, gefloppt. Nach nur einer Staffel wurde die Serie wegen enttäuschender Quoten eingestellt. Vielleicht ging den Fernsehzuschauern die Liebesachterbahnfahrt zu sehr an die Nieren.

HONIGSCHLECKER

Wenn meine Familie früher Gäste hatte, die den Bodensee nicht kannten, dann galt es als ausgemacht, dass wir gemeinsam mit ihnen zur zwischen Überlingen und Meersburg gelegenen Birnau fuhren, um den Pomp oder, wie manche sagen würden, Schwulst, mit dem im achtzehnten Jahrhundert Gottes Größe gefeiert wurde, zu bestaunen. Auch an mindestens einen Schulausflug dorthin kann ich mich erinnern, aber das Wissen über die Wallfahrtskirche, über den Honigschlecker, Abt Anselm, Feuchtmayer und Peter Thumb ist samt und sonders im Orkus des Vergessens gelandet. Jahrelang bin ich später an der Birnau vorbeigefahren, ohne mir die Zeit zu nehmen, den in Reiseführern als *Juwel*, als *Majestät*, als *Höhepunkt des oberschwäbischen Barock* beschworenen Ort aufzusuchen. Ich hatte keinen Sinn für all die Putten, Fresken, Stuckaturen und Altäre, die mir weniger als Zeichen für die Größe Gottes als vielmehr für den Reichtum und die Macht der katholischen Kirche erschienen. Erst ein Buch, das ich vor wenigen Jahren las, sorgte dafür, dass ich seitdem fast schon zwanghaft von der B 31 auf den zumeist übervollen Klosterparkplatz abbiegen muss. Nicht Ernst Jüngers Roman *Auf den Marmorklippen*, in dem man trotz der, wie Manfred Bosch schreibt, *übereinandergeblendeten Landschaften* die Klosterkirche identifizieren kann, hat mich zum Birnaufan gemacht. Die Ravensburger Autorin Katrin Seglitz und ihr

Roman *Der Bienenkönig* sind schuld. Wie sie das berühmteste, das meistfotografierte und vielleicht auch kitschigste Kunstwerk der Kirche beschreibt, den *Honigschlecker* von Joseph Anton Feuchtmayer, leicht und sinnlich und verführerisch, das sucht seinesgleichen. Wegen ihr sitzt mir seitdem der vermaledeite Putto im Nacken.

Der Putto *steht auf dem rechten Bein und hat das linke leicht gehoben, er ist dabei, tanzend vorwärts zu gehen. In der rechten Hand hält er einen Bienenkorb, den er schwungvoll nach links dreht, um ihn zu schützen, um den Honig für sich zu haben, ganz für sich allein.* Früher verband ich jedes Honigschleckermäulchen mit dem Namen Eugen, nach der Bildergeschichte von Wilhelm Busch. Jetzt wurde er ersetzt durch Bernhard von Clairvaux, demjenigen Zisterzienserabt, den diese Engelsgestalt versinnbildlichen soll. Der Mönch, der im zwölften Jahrhundert zur Verbreitung seines Ordens über ganz Europa maßgeblich beitrug, besaß den Beinamen *doctor mellifluus*, was frei übersetzt *Lehrer mit der honigfließenden Lehre* bedeutet. Mir nutzt es nichts zu wissen, dass der Lehrer seine honigsüßen Reden dazu verwendete, um 1147 unter dem Motto *Vollständige Ausrottung der Heiden oder sichere Bekehrung* zum zweiten Kreuzzug aufzurufen. Mit Worten wie zum Beispiel *Ein Ritter Christi tötet mit gutem Gewissen; noch ruhiger stirbt er. Wenn er stirbt, nützt er sich selber; wenn er tötet, nützt er Christus,* soll Clairvaux nicht nur die Volksmassen, sondern auch Könige erfolgreich aufgehetzt haben. Nein, der Honigschlecker, seine Süßheit, haben mich eingelullt, ich schlecke und schlecke, ohne genug von ihm zu bekommen. Eine Postkarte des Puttos ziert meinen Schreibtisch, und, sobald ich das nächste Mal zur Birnau fahre, werde ich mir eine originalgetreu verkleinerte Nachbildung des Engels besorgen, das habe ich mir fest vorgenommen.

INSELHOPPING

Wie viele Inseln und Halbinseln es im Bodensee gibt, war mir lange nicht bewusst. Ich kenne die Reichenau, die größte Insel im Bodensee, flächenmäßig gefolgt von den beiden, die die Lindauer Altstadt beziehungsweise unendlich viele Pflanzen sowie die Grafenfamilie Bernadotte beherbergen. Aber bereits die Insel Werd bei Eschenz in der Schweiz hätte ich auf eine entsprechende Frage hin nicht genannt, weil ich sie fälschlicherweise im Rhein vermutete. Hier verbrachte der Heilige Otmar, der Namenspatron der katholischen Kirche in Ludwigshafen, in der ich ein Jahrzehnt lang Ministrantendienste verrichtete, die Monate vor seinem Tod. Der Benediktinermönch, seit 719 Abt in St. Gallen, geriet in die Auseinandersetzungen zwischen Alemannen und Franken am Bodensee. 759 wurde er gefangen genommen und zunächst zum Tode durch Verhungern in der Königspfalz Bodman verurteilt. Die Herabsetzung der Strafe – Verbannung auf die Insel Werd – hat der Mönch nur um wenige Monate überlebt. Immerhin ist dort im fünfzehnten Jahrhundert eine ihm geweihte Kapelle errichtet worden. Obwohl ich die Insel in den vergangenen Jahren mehrfach besuchte, sah ich nie einen der neun Franziskanermönche, die hier leben sollen, und ebenso wenig fielen mir zwei benachbarte kleine Inselchen auf, das Mittlere und das Untere Werdli. Unbehelligt von Mönchen und Menschen sind sie die Heimstatt unzähliger Vögel.

Da sind es schon sechs. Hinzu kommen noch die winzige Insel Hoy bei Lindau, zwei nicht minder winzige Flecken Land vor dem Wollmatinger Ried, sodann die Dominikanerinsel in Konstanz, und, ja, die gibt es auch, die Liebesinsel. Nachdem die Dominikaner Ende des achtzehnten Jahrhunderts das Konstanzer Eiland verlassen hatten, wurde die nach ihnen benannte Insel statt zum Gebet vornehmlich zum Geschäft genutzt, erst zu dem des Färbens von Indigo, schließlich zum touristischen. Nachdem Konstanz 1863 an das Eisenbahnnetz angeschlossen worden war, kamen regelmäßig Sommerfrischler in diese Stadt, und mit ihnen stieg der Bedarf an Unterkünften. Eberhard von Zeppelin, der Bruder des bekannteren Ferdinand Graf von Zeppelin, baute daher das ehemalige Kloster beziehungsweise Fabrikgebäude in ein Hotel um, das am 15. April 1875 eröffnet wurde. Noch heute können Reisende in diesem altehrwürdigen Gebäude übernachten. Allerdings bedarf es dazu des nötigen Kleingeldes. Denn seit der letzten Renovierung besitzt das Steigenberger Inselhotel, wie es jetzt heißt, fünf Sterne und ermöglicht seinen Gästen Luxus pur.

Die in der Nähe von Radolfzell gelegene Liebesinsel verdankt ihren romantischen Namen vielleicht etlichen Paaren, die sich hier vergnügten und in dem einen oder anderen Fall neue Radolfzeller zeugten. Ob das für den Regisseur Harald Reinl und seine Crew der Anlass war, auf der Insel eine unvergessliche Liebesszene mit Marianne Hold und Gerhard Riedmann für *Die Fischerin vom Bodensee* zu drehen, kann ich nicht sagen. Was ich aber weiß, ist, dass an den Bäumen Papierblüten befestigt wurden, damit auch die Natur diese wahre Liebe verkündige. Trotz dieser weltbewegenden Filmszene soll die Insel bei einem Update von Google Earth im Bodensee versenkt worden sein, ein Skandal für jeden Heimatfilmliebhaber.

Damit bin ich noch nicht am Ende, denn auch die Halbinseln gehören zu den geographischen Gebilden, die aus dem Wasser herausragen. Der den Überlingersee und den Untersee trennende Bodanrück gehört dazu, sodann die bei der Liebesinsel gelegene Mettnau, auf der Joseph Victor von Scheffel seine letzten Lebensjahre verbrachte, die Wasserburg, auf der Martin Walser das Licht der Welt erblickte, und die Galgeninsel, bis sie im neunzehnten Jahrhundert mit dem Festland verbunden wurde, eine vollwertige Insel, auf der lange Zeit der Reichsstädtische Galgen von Lindau stand. Der Sage nach soll hier ein makabres Schauspiel stattgefunden haben. Ein Delinquent wurde hier nicht aufgehängt, sondern mit fest verschnürten Armen in Richtung Inselstadt geschickt. Dem Verurteilten gelang es, eine erhebliche Strecke unter Wasser zurückzulegen und auf diese Weise sein Leben und seine Freiheit zurückzugewinnen.

Für ein touristisches Inselhopping müssen die Reichenau, die Mainau und die Lindauer Altstadt aufgesucht werden. Manchmal wird noch die Insel Werd empfohlen, selten die Liebes- oder die Galgeninsel. Auf der Reichenau können Kirchen und jede Menge Gemüse bestaunt werden. Auf der Mainau ist kein einheimisches Gemüse, dafür Flora und etwas Fauna aus aller Herren Länder zu Hause. Allerdings ist in blütenreichen Jahreszeiten damit zu rechnen, dass vor den Pflanzen oder Schmetterlingen sich bereits einige der anderen 1,6 Millionen jährlichen Besucher postiert haben. Bereits bevor Graf Lennart Bernadotte ab 1932 die

Insel nach und nach zu einem zweiten Garten Eden ummodelte – im Dritten Reich erlebte sie einen touristischen Aufschwung, der auch durch nationalsozialistische Freizeitorganisationen wie *Kraft durch Freude* begünstigt wurde –, haben Reiseführer sie zu einer Attraktion erklärt. Zu den ersten mir bekannten Mainau-Schwärmern zählt Gustav Schwab in seinem *Handbuch für Reisende und Freunde der Natur, Geschichte und Poesie* aus dem Jahr 1827. Die Insel, heißt es darin, *ist eine blühende Terrasse von kaum einer halben Stunde Umfangs, aber angefüllt mit allem, was die Natur zum Genuß, zum Nutzen und zur Augenlust darbieten kann.*

Auch über die letzte der drei Inselattraktionen war Schwab voll des Lobes. Seine Reisenden und Freunde der Natur gelangten wandernd in die Inselstadt. Ebenfalls zu Fuß unterwegs ist der liebe Augustin aus dem gleichnamigen Roman von Horst Wolfram Geißler. In dem 1921 publizierten Roman, der erfolgreichste überhaupt, der am Bodensee spielt, fasst der Held nach seinem ersten Lindau-Besuch *den unerschütterlichen Entschluss: in der Freien Reichsstadt Lindau zu wohnen, wenn er einmal groß sein werde.* Damals – der Roman spielt in der zweiten Hälfte des achtzehnten Jahrhunderts – befuhren Segelschiffe, sogenannte Lädinen, den Bodensee, die neben Waren auch Passagiere transportierten. Doch erst mit dem Bau von Dampfschiffen ab den 1820er Jahren wurden Lindau und andere Städte in größerem Stil vom See her aufgesucht. Nur wenige Jahrzehnte später, seit 1853, konnte Lindau auch mit der Eisenbahn erreicht werden. Für den aus Braunschweig stammenden Schriftsteller Wilhelm Raabe, der 1869 Urlaub am Bodensee machte, war es bereits, wie seine Erzählung *Der Marsch nach Hause* belegt, selbstverständlich, nach *Lindau im See* entweder mit dem *Dampfboot* oder mit dem *Bahnzug* einzutreffen. Ich reise für gewöhnlich mit dem Zug an, und ich bin der Bundesbahn dankbar dafür, dass sie mir in Lindau stets, auch wenn ich dort nur umsteigen will, zu einem mindestens einstündigen Aufenthalt verhilft.

Nie versäume ich es bei meinen ansonsten ziellosen Spaziergängen entlang der Promenade, hinaus zum Neuen Leuchtturm und durch die Altstadt, zwei literarische Orte aufzusuchen. Zum einen flaniere ich am Haus in der Dammgasse vorbei, in dem Geißler seinen Helden Augustin Sumser zum gefragten Spieldosenhersteller aufsteigen lässt. Mehrfach glaubte ich ihn bereits zu sehen, den Augustin, wie er sein kleines, gelbes Haus verlässt und sich irgendwohin zum Faulenzen, denn das ist seine Hauptleidenschaft, aufmacht. Zum anderen besuche ich das einst in der Ludwigstraße Nummer fünf gelegene berühmteste Gasthaus der Stadt, das den Namen *Zur Krone* trug. Der Philosoph Michel de Montaigne, der Märchendichter Hans Christian Andersen, der Komponist Richard Wagner oder der Schriftsteller August Strindberg übernachteten hier, Wilhelm Raabe hat in diesem, wie er schreibt, *guten, alten Wirtshaus* immerhin gespeist. Dabei musste sein Blick immer wieder zur gewaltigen Bombe abgeschweift haben, die zur Zeit des Dreißigjährigen Kriegs während der Belagerung Lindaus durch den schwedischen Feldmarschall Karl Gustav im Gasthaus zur Krone landete, ohne zu explodieren. Im neunzehnten Jahrhundert soll das entschärfte Ungetüm dort von der Decke herabgehangen und nicht nur den Urlauber Raabe, sondern auch andere Reisende fasziniert haben. Heutzutage verweist nichts als eine kleine Tafel und eine immerhin ansehnliche am Haus angebrachte Krone auf die ehemals glanzvollen Zeiten.

JÜDISCHES LEBEN

Wangen am Untersee und die vorarlbergische Kleinstadt Hohenems verbindet, dass in beiden Gemeinden über Jahrhunderte hinweg viele Juden wohnten. In Hohenems kann ihre Geschichte im 1991 eröffneten Jüdischen Museum verfolgt werden. 1617 begann in diesem Ort dank eines Schutzbriefes des Reichsgrafen Kaspar der Aufbau einer jüdischen Gemeinde. Ausgestellt wurde er, weil der Adlige die Wirtschaft in seinem Residenzort ankurbeln wollte. Allein der Brief kam bereits dadurch dem Regenten zugute, weil die jüdischen Einwohner als Gegenleistung Schutzgeldzahlungen entrichten mussten. In den gut dreihundert Jahren danach, bis zur Ermordung der letzten jüdischen Bewohnerin, Clara Heimann Rosenthal, 1942 in Theresienstadt, durchlebte die jüdische Bevölkerung ein wechselvolles Schicksal zwischen Vertreibung und Tolerierung.

Anfangs wurden die Juden mehrfach aus Hohenems ausgewiesen, auch Anschläge auf Leib und Leben kamen vor. Im Zuge der Aufklärung, während der zweiten Hälfte des achtzehnten Jahrhunderts, erfuhr die jüdische Bevölkerung in ganz Europa nach und nach eine stärkere Akzeptanz. In Hohenems wurde zwischen 1770 und 1772 eine Synagoge erbaut, ein sichtbares Zeichen für die wachsende Toleranz der christlichen Regenten und zugleich des zunehmenden Wohlstands der jüdischen Gemeinde. Das Toleranzedikt, 1882 vom österreichischen Kaiser Joseph II. erlassen, eröffnete neue berufliche Möglichkeiten. Abgesehen vom Handel standen den Juden jetzt auch handwerkliche, landwirtschaftliche und akademische Berufe offen, wobei die praktische Umsetzung noch einige Zeit auf sich warten ließ. Die jüdische Gemeinde in Hohenems wuchs bis 1862 auf 564 Personen an. Nach der Verabschiedung der Staatsschutzgesetze im Jahr 1867, die das Recht auf freie Wahl des Wohnorts für jüdische Bürger beinhalteten, verließen viele Juden den Ort, um sich in größeren Städten niederzulassen. 1890 besaß Hohenems noch 118 jüdische Mitbürger, 1935 nur noch 35. Der Anschluss Österreichs an Nazi-Deutschland führte zur Entrechtung der Juden und zur Beschlagnahmung ihres Eigentums. Auch die Synagoge von Hohenems ging in den Besitz des Ortes über, was die Zerstörung des Inventars, insbesondere der Ritualgegenstände, zur Folge hatte. Wem die Flucht nicht rechtzeitig gelang, der wurde 1940 nach Wien zwangsumgesiedelt und später deportiert und ermordet.

Einer der jüdischen Bürger von Hohenems war Wilhelm Frey. Der heute, im Vergleich mit anderen aus Hohenems abstammenden Schriftstellern wie Stefan Zweig und Jean Améry, weniger bekannte Autor beschrieb 1857 in den *Erzählungen für die reifere Jugend und ihre Kreise* das Leben des Landjudentums unter der Vorgabe, *unseren Knaben und Mädchen das Interesse an ihrem Volke und dessen Geschichte zu wecken und allmälig zu steigern.*

Freys Pendant auf der Höri heißt Jacob Picard. Wie Frey verbrachte auch dieser Schriftsteller seine Kindheit in einem, wie man damals sagte, »Judendorf«. Die, wie Picard in seiner *Erinnerung eigenen Lebens* vermerkt, keineswegs herabsetzend gemeinte Bezeichnung unterschied Siedlungen, in denen auch Juden wohnten, von solchen mit ausschließlich christlicher Bevölkerung. Gailingen gehörte dazu, Randegg, Worblingen sowie der Heimatort Picards, Wangen. Hier und in den anderen Orten lebten Juden und Christen großteils friedlich nebeneinander: *So waren wir ein ungeschwächtes, aufrechtes Volk im Dorfe. Keiner, der gebeugt ging, als trüge er immer noch die Last eines Warenpacks über die Schultern, so als sei es die Vergangenheit selbst.* Der Schriftsteller verbrachte in Wangen seine Kindheit. Auch zwischen 1936 und 1938 lebte er auf der Höri, bevor er sich von Berlin aus gezielt mit seiner Migration in die USA beschäftigte, die ihm 1940 – quasi in letzter Minute – gelang.

Dass er eine *glückliche Jugend* am Bodensee verbracht habe, schrieb Picard in seinen während des Höriaufenthalts entstandenen Erinnerungen, auch wenn das Juden, die in der Hitlerzeit aufwuchsen, unvorstellbar erscheinen mag. Am Untersee waren die wenigen verbliebenen Landjuden bis zum November 1938 weniger als anderswo in Deutschland den gewalttätigen Übergriffen der Nazis ausgesetzt. Doch spätestens, seit sie in der Reichskristallnacht miterleben mussten, wie die Wangener Synagoge angezündet und der jüdische Friedhof geschändet wurde, wussten auch sie, dass die Abgeschiedenheit keinerlei Sicherheit mehr bot. Auf seinem Weg über die Sowjetunion, Sibirien, Korea und Japan in die USA erfuhr Picard von der Deportation seiner badischen und pfälzischen Landsleute in das französische Konzentrationslager Gurs.

Noch heute ist das Wangener Ortsbild durch die jahrhundertewährende Geschichte des jüdisch-christlichen Miteinanders geprägt. Eine ganze Reihe von Gebäuden erinnert durch ihre eher städtisch anmutende Architektur an die einstigen jüdischen Bewohner. Im alten Rathaus von Wangen existiert für sie seit 2009 eine kleine Gedenkstätte, die die Geschichte der christlich-jüdischen Landgemeinde anhand des Schriftstellers Picard und seines Vetters, des schon früh nach Israel emigrierten Geologieprofessors Leo Picard, sowie des Dorfarztes Nathan Wolf skizziert. Dokumentiert sind Gespräche zwischen Manfred Bosch und Hannelore König, der Tochter des Landarztes. *Wir haben alle Feste gefeiert*, sagt die Tochter eines Juden und einer Christin, *alle jüdischen und alle christlichen. Wir haben Chanukka [ein Lichterfest zur Erinnerung der siegreichen Kämpfe der Makkabäerzeit, C. H.] gefeiert bei meiner Großmutter. Dann gab's einen Christbaum, das war ganz klar.* Damals wenigstens. Heute leben in den ehemaligen Judendörfern kaum noch jüdische Einwohner.

KAISERLICHE UND TOURISTISCHE UNTERKÜNFTE

Schon in der Steinzeit reisten die Menschen. Unter den Römern existierten bereits schnelle Reiseverbindungen über die Alpen. Den mittelalterlichen Bodenseeraum suchten ebenfalls viele Reisende auf, man denke nur an das Konstanzer Konzil. Seit frühester Zeit gab es, etwa in Bodman, die sogenannten Pfalzen, zu denen ein Wirtschaftshof und ein ansehnliches Gebäude für die Beherbergung der Herrscher gehörten. Könige und Kaiser erholten sich hier oder legten eine Zwischenstation auf der Reise in den nächsten Krieg ein. Ortsveränderungen nahmen auch diejenigen vor, die Handel treiben wollten, sowie Menschen, die körperlich oder seelisch erkrankt waren. Letztere begaben sich auf eine Wallfahrt, um durch die Bewegung an einen besonderen, religiösen Ort ihrem seelischen Kummer ein Ende zu bereiten.

Auch wenn die Reisenden am Zielort ihr Seelenheil, Schmerzen lindernde Kuren oder klingende Münze für ihre Ware fanden, das Unterwegssein selbst war für die meisten von ihnen mühsam und lästig. Daran änderte auch die im achtzehnten Jahrhundert aufkommende Reisekutsche nicht viel. Annette von Droste-Hülshoff schildert eine Kutschfahrt von Freiburg durch das Höllental an den Bodensee mit folgenden Worten: *Das aber war eine Kreuzigung! Wir saßen einander fast auf dem Schoße, und wer vor Schläfrigkeit etwas wacklig wurde, stieß seinem Visavis an den*

Kopf. Diesem Umstande habe ich es auch allein zu verdanken, dass ich nicht umgefallen bin, denn ich weiß wirklich nicht, wohin ich hätte fallen sollen. Endlich erschien der Tag, und endlich, endlich! Um Zehne das ersehnte Stockach, ein elendes Nest!

Erst Eisenbahn und Dampfschiff sowie der Bau von angemessenen Unterkünften ließen das Reisen komfortabler werden. Die Transportmittel und die Hotels waren, gemeinsam mit der im achtzehnten Jahrhundert aufkommenden ästhetischen Naturwahrnehmung, für eine neue Art des Reisens, des touristischen, verantwortlich. Der Tourist reiste anders als Kaiser, Händler und Pilger, er reiste, so steht es im *Grimmschen Wörterbuch*, *zu seinem Vergnügen.*

Im Mittelpunkt des aufkommenden Tourismus stand damals Konstanz. In den in Mode gekommenen Reisebeschreibungen wurde gerade diese Stadt als Ausgangspunkt, um die Schönheit des Bodensees zu genießen oder für einen Kurzaufenthalt auf dem Weg in die Schweizer Alpen, immer wieder genannt. Ob Hortense de Beauharnais, die Stieftochter, Schwägerin und eigentliche Erbin Napoleons I. nach ihrer Vertreibung aus Frankreich 1815 wegen einer solchen Lektüre hier Zuflucht nahm anstatt, wie die meisten ihrer Verwandten, in Italien, kann ich nicht sagen. Vielleicht hat sie sich auch an einen schlussendlich wieder aufgegebenen Plan des Kaisers erinnert, der vorsah, in einem zukünftigen Königreich Helvetien Konstanz zur Hauptstadt zu machen. Jedenfalls ist anstelle der Weltgeschichte Hortense de Beauharnais am Bodensee gelandet. Sie jedoch hat weniger die Schönheit der Landschaft gerühmt als sich vielmehr über ihre Abgeschiedenheit beschwert. Ein *Winkel am Ende der Welt* sei Konstanz, klagte sie in ihren Memoiren.

Doch die Königin Hortense wäre nicht die Stieftochter Napoleons, wenn sie deswegen den Kopf in den Uferschlamm gesteckt hätte. Wenn die Welt noch nicht am Bodensee war, dann musste man sie eben herholen. Als wichtigen Wohnsitz erkor sie für sich und ihre Söhne, den auf ungeklärte Weise früh verstorbenen Napoléon Louis und Louis Napoléon, der später unter dem Namen Napoleon III. Kaiser von Frankreich werden sollte, sowie für die künftigen zahlreichen Gäste das Schloss Arenenberg, das nur wenige Kilometer entfernt von Konstanz auf der schweizerischen Seite des Untersees lag. Hortense ließ die Anlage, die schriftlich erstmals um das Jahr 1350 erwähnt wurde, zu einem Schloss französischen Stils umbauen. Dazu gehörte auch eine große Parkanlage samt Wasserfällen, steilen Pfaden und Aussichtspunkten.

Mit ihr, so schreibt der Bodensee-Experte Helmut Fidler, *begann die erste Phase der touristischen Erschließung des Untersees*. Denn sie und der spätere französische Kaiser pflegten hier den Austausch mit zahlreichen Besuchern, darunter so bekannte Künstler wie René de Chateaubriand, Alexandre Dumas, Franz Liszt oder Fürst Hermann von Pückler-Muskau, aber auch mit jungen Revolutionären aus unterschiedlichen europäischen Nationen, die unter der Führung Louis Napoléons in Frankreich an die Macht gelangen wollten. Die meisten Gäste wohnten nicht im Schloss, sondern in nahegelegenen Pensionen. In erster Linie nächtigten sie in Schloss Wolfsberg oberhalb von Ermatingen, das von Charles Parquin, einem ehemaligen Bonapartisten, zur ersten Fremdenpension im Kanton Thurgau umgebaut worden war. Wenn sie nicht den Bonapartes ihre Aufwartung machten, bewunderten sie die Landschaft. *Was ich bisher vergeblich suchte*, schreibt Chateaubriand in einem Brief, *habe ich am Bodensee gefunden: Liebreiz, Intelligenz und Schönheit.*

Sechs Jahre nach dem Tod Hortense de Beauharnais' im Jahr 1837 musste Louis Napoléon Schloss Arenenberg verkaufen. Nachdem er zuerst Präsident, später Kaiser von Frankreich wurde, bemühte er sich um den Rückkauf des Anwesens, was ihm 1855 gelang. Er ließ das Schloss wieder in den Zustand wie zu Lebzeiten seiner Mutter bringen. Offiziell allerdings stattete er seinem Besitz nur noch einen Besuch ab. Danach erlaubten ihm die vielen Kriege, die er führen musste oder wollte, in Italien, in Mexiko und zuletzt gegen das unter Bismarck immer mächtiger gewordene Preußen, keine Rückkehr an den Bodensee. Seine Ehefrau Eugénie, die nach dem Tod des Imperators seine Besitztümer erbte, vermachte 1906 das Schloss dem Kanton Thurgau. Auf ihren ausdrücklichen Wunsch wurde ein Museum eingerichtet, das Besuchern offensteht.

Als ich Anfang März 2011 Schloss Arenenberg bei strahlend blauem Himmel und eiskaltem Nordostwind zum ersten Mal besichtigte, war ich der einzige Tourist im Napoleonmuseum. Vom unteren Seesalon und wenig später vom oberen erspähte ich durch die Fenster zwei sich angeregt unterhaltende ältere Herren, die auf der Terrasse des Schlosses auf einer Bank unter einer kahlen Rosskastanie saßen. Ihr Blick ging nach vorn, über den Untersee. Alles, was sich hinter ihnen befand, das Museum, die Kapelle, das Bistro, die Arbeiter, die den Vorplatz für den Sommer herrichteten, schien ohne Bedeutung für sie zu sein. Der Wind zerzauste ihr Haar, weiter aber schien er ihnen nichts anzuhaben. Vielleicht, dachte ich, sitzen sie immer da draußen und drehen der museal gewordenen Geschichte den Rücken zu. Aber als ich nach dem Durchgang durch alle Museumsräume die Terrasse aufsuchte, waren die beiden verschwunden. Ich setzte mich ebenfalls auf die Bank, aber nach kürzester Zeit war ich so durchgefroren, dass ich das Weite suchte.

LANDSCHAFTSBILDER

Unzählige Male bereits ist die Landschaft des Bodensees auf einer Leinwand eingefangen worden. Bekannt ist die romantische Ansicht von Konstanz auf dem 1842 entstandenen Aquarell William Turners, der in der ersten Hälfte des neunzehnten Jahrhunderts mehrfach Europa bereiste, vor allem um das *Naturtheater* der Alpen zu besichtigen. Nicht weniger bekannt sind die in Bregenz entstandenen Werke des österreichischen Expressionisten Egon Schiele. Vergleicht man etwa das 1912 entstandene Aquarell *Der Kastanienbaum* mit Turners *Konstanz*, dann zeigt sich allein an der Art und Weise, wie die beiden Künstler mit Formen, Farben, Licht und Schatten umgehen, dass der Bodensee, der doch seit einigen tausend Jahren unverändert in der Landschaft liegt, auf keinen einheitlichen Nenner zu bringen ist.

Ein Maler, der die Vielfalt der Landschaft besonders ausführlich dokumentiert hat, ist Otto Dix. Anders als Turner und Schiele befand er sich allerdings nicht auf einer mehr oder weniger langen Urlaubsreise, sondern auf der Flucht vor Repressalien des NS-Regimes. Der Umzug von Dresden auf die Höri im Jahr 1933 war ein endgültiger. 1969 stirbt Otto Dix nach einem zweiten Schlaganfall im Singener Krankenhaus. In seinem Haus in Hemmenhofen kann in erster Linie sein Schaffen während der immerhin 35 Jahre am See besichtigt werden. Landschaftsmalerei gehörte vor der Emigration an den äußersten Rand Hitlerdeutschlands nicht gerade zu den Vorlieben des Malers. Im Deutschland der 1920er Jahre wurde er wegen seiner eindringlichen Kriegs- und Großstadtporträts berühmt. Die Bodenseelandschaften hingegen, von Dix oft ins Phantastische überhöht und von altdeutschen Vorbildern wie Albrecht Dürer und Albrecht Altdorfer inspiriert, waren zumindest anfänglich eine Notlösung. 1961 meinte er gegenüber einem Freund: *Ich bin eben anonym durchgerutscht. Ich habe Landschaft gemalt – das war doch Emigration.*

In dem wunderbaren Dokumentarfilm *LandschaftsGeschichten* des gebürtigen Singener Filmemachers Marcus Welsch geben neun auf der Höri und im Hegau ansässige Personen Auskunft über ihr Leben. Eine der interviewten Personen ist Jan Dix, einer der Söhne des Künstlers. Ein Exil sei der Bodensee für seinen Vater gewesen. Eingelebt habe sich der Vater wohl auch deshalb nie richtig, weil es, so der Sohn, *schon schwierig* sei *mit den Leuten* hier. Der Vater eines anderen Interviewten hielt Dix für einen *Salonbolschewiken*, der wenig Kontakt zur Bevölkerung hatte und ihn auch nicht zu suchen schien.

Als Kind nahm ich die Landschaft zuerst als selbstverständlich hin, dann, während und gegen Ende der Schulzeit, fand ich sie, um eine Formulierung von Otto Dix aufzugreifen, *zum Kotzen schön*, ich wollte weg aus dieser, wie ich damals meinte, lähmenden, zum Stillstand zwingenden Idylle. Inzwischen habe ich mich mit der Landschaft mehr als ausgesöhnt. Ich kann gut die Worte eines Architekten in den *LandschaftsGeschichten* nachvollziehen, nämlich dass die Landschaft einem *Ruhe und Gelassenheit* gebe. Besonders eindrücklich erscheint mir heute der Mix aus Idyllischem und Erhabenem, aus dem Sanften und Lieblichen der Bodenseeregion, und der dahinter sich auftürmenden, gewaltigen Alpenwelt.

Damit stehe ich bei weitem nicht alleine da. Seitdem die Menschen aus der Landschaft nicht nur pragmatischen Nutzen zu ziehen versuchten, sondern sie auch ästhetisch wahrnahmen, als schönes Gegenüber, das bei Betrachtung besondere Gefühle auszulösen vermochte, spätestens seit dem achtzehnten Jahrhundert also, als Reisen in die Schweizer Berge in Mode kamen, wurde auf dem Weg dorthin der Bodensee bestaunt.

Zu solch frühen Bewunderern zählt der bedeutende romantische Maler Joseph Anton Koch. 1791 erblickt er auf seinem Weg in den Süden neben den von *der Erde getrennten erhabenen* Alpen ein weiteres *Wunder*. Seine Beschreibungen vom *sanftmelancholischen Anblick* der *waldigten Bergufer* oder von der Verbindung der Natur zu einer *völligen Einheit in Mannigfaltigem* lassen Landschaft statt als nutzbringende nun als ästhetische erscheinen: Zu einem Bild des Angenehmen und Homogenen geordnet, gebe dieses weniger die Wirklichkeit, sondern vor allem die Stimmung des Wahrnehmenden wieder.

Diese Empfindung einer harmonischen, wohltuenden Landschaft, wie sie sich auch bei mir neuerdings wieder einstellt, mag auch dem *sentimentalen Wunsch nach Heilheit und Geborgenheit* geschuldet sein. Diese Worte stammen aus Hermann Kinders Essay *Hier bin ich fremd, bin ich daheim*, eines in Konstanz und Köln lebenden Schriftstellers, der wie kaum ein Zweiter die Bodensee-Region in Worte zu bringen vermag. In diesem Wunsch, den man auch die Sehnsucht nach Heimat nennen könnte, erschöpft sich aber die Seelandschaft nicht. Die *völlige Einheit des Mannigfaltigen* taucht bei Kinder wieder auf, allerdings mit anderem Akzent. Bei ihm steht die *dauernde Abwechslung* im Vordergrund, die – man möchte hinzufügen: gerade noch – durch den See zusammengefasst wird. *Natürlich ist es immer derselbe See; aber immer ist er anders. Der Wintersee mit seinen Eisrändern ist anders als der trübe, volle Sommersee. Der weiße Morgendunst macht den See anders als der rötliche Abenddunst, durch den die Goldfisch-Schiffe ziehn. Der See wechselt seine Farbe rasch und launisch wie eine frühere Dame ihre Kleider, alle Schattierungen von Grau, Grün, Blau, selbst weiß ist er manchmal.*

Der Bodensee lässt sich nicht festlegen. Seine Harmonie, die die Sehnsucht nach Heimat auszulösen vermag, ist nur eine Facette dieser Landschaft. Einsamkeit spricht für mich aus Schieles *Kastanienbaum*, eine fast schon unheimliche Verzauberung aus Turners *Konstanz*. Dix macht aus der Landschaft einen mich verwirrenden Traum, die Sätze Hermann Kinders bringen für mich auf den Punkt, dass das Wesentliche des Sees in seiner Bedeutungsvielfalt besteht. Die Bildenden Künstler und Literaten haben einige Facetten der Bodenseelandschaft in Worte und Bilder gefasst, die all jene auf ihre Erfahrungen zurückwerfen, die am See leben oder sich für einige Zeit an ihm aufhalten.

MAGISCHE SÄULE

Auf der Meersburger Hafenmole ragt ein Kunstwerk Peter Lenks dreizehn Meter hoch in den Himmel, das einige Persönlichkeiten aus der Stadtgeschichte satirisch porträtiert. Auf ungefähr halber Höhe der *Magischen Säule* posiert auf einem Ausleger Franz Anton Mesmer, von den einen Quacksalber, von den anderen Wunderheiler genannt, mit einem großen Magneteisen in den Händen, das seine Heilmethode, den animalischen Magnetismus, versinnbildlicht. Seine Füße ruhen auf einem Planetenkäfig, in dem drei seiner erbittertsten Gegner, der Astronom Maximilian Hell, der Leibarzt der österreichischen Kaiserin Maria Theresia, Anton von Störck, und der Mediziner Jan Ingenhousz, eingesperrt sind.

Direkt an der Säule, ungefähr auf der Höhe Mesmers, hat sich Joseph Freiherr von Laßberg auf ein Steckenpferd geschwungen. Das Steckenpferd dieses *letzten Ritters*, wie er sich gerne nannte, waren mittelalterliche Handschriften. 1838 erwarb er die alte, der Sage nach vom Merowingerkönig Dagobert I. im siebten Jahrhundert erbaute Meersburg und rettete sie vor dem Verfall. Um das Schauerliche des mittelalterlichen Gemäuers nachempfinden zu können, muss das Gedicht *Das alte Schloß* von Annette von Droste-Hülshoff gelesen werden, die als Möwe auf der Spitze der *Magischen Säule* thront. Die letzten Strophen sind ganz der Stimmung in der Burg gewidmet:

Mir genüber gähnt die Halle,
Grauen Tores, hohl und lang,
Drin mit wunderlichem Schalle
O Langsam dröhnt ein schwerer Gang;
Mir zur Seite Riegelzüge,
Ha, ich öffne, laß die Lampe
Scheinen auf der Wendelstiege
Lose modergrüne Rampe,

Die mich lockt wie ein Verhängnis,
Zu dem unbekannten Grund;
Ob ein Brunnen? ob Gefängnis?
Keinem Lebenden ist's kund;
Denn zerfallen sind die Stufen,
Und der Steinwurf hat nicht Bahn,
Doch als ich hinab gerufen,
Donnert's fort wie ein Orkan.

Ja, wird mir nicht baldigst fade
Dieses Schlosses Romantik,
In den Trümmern, ohne Gnade,
Brech' ich Glieder und Genick;
Denn, wie trotzig sich die Düne
Mag am flachen Strande heben,
Fühl' ich stark mich wie ein Hüne,
Von Zerfallendem umgeben.

Joseph von Laßberg hat sich damals als Mittelalterforscher und »Retter« der alten Meersburg einen Namen gemacht, heute kennt man ihn vor allem deshalb, weil er 1834 die

Schwester der Droste, Jenny, geheiratet und es so ermöglicht hatte, dass die Dichterin hier zwischen 1841 und 1848 dreimal zu Gast war. So gerne Droste-Hülshoff in dieser Landschaft, die sie als poetisch empfand, dichtete, so wenig Verständnis hatte sie für die Altertumsforschungen des Burgherrn. *Wir haben uns*, schreibt sie in einem Brief, *mit den Nibelungen zu Tische gesetzt und sind mit ihnen aufgestanden*.

Wegen eines anderen Mannes jedoch, Levin Schücking, der von Laßberg den Auftrag erhalten hatte, die provenzalischen Handschriften in der Meersburger Bibliothek zu ordnen und zu katalogisieren, lief sie während ihres ersten Bodensee-Aufenthalts von September 1841 bis Ende Juli 1842 sowohl seelisch als auch lyrisch zu Höchstform auf. Den siebzehn Jahre Jüngeren kannte die Autorin bereits aus ihrer westfälischen Heimat, und sie hatte mehr oder weniger energisch auf seiner Anstellung bestanden, auch wenn sie in Briefen an die Familie und an Freunde unwissend tat. Neben seiner Berufung als Muse war Schücking aber auch als Geschäftsmann tätig und trieb die Vermarktung seiner Freundin voran. Durch seine Vermittlungen erschien etwa die *Judenbuche* – nach wie vor eine beliebte Schullektüre – im Frühjahr 1842 in der renommierten Zeitung *Cottas Morgenblatt* und machte die Droste mit einem Schlag einer größeren Öffentlichkeit bekannt. Lange konnte sie ihren Erfolg aber nicht genießen. Am 24. Mai 1848 starb sie im Alter von einundfünfzig Jahren während ihres dritten Aufenthalts auf der Meersburg.

Begraben liegt Annette von Droste-Hülshoff auf dem städtischen Friedhof in Meersburg, in relativer Nähe zu

NATUR UND LIEBE

Am 22. Mai 2007 fuhr ich nach Unteruhldingen. Ich suchte das örtliche Strandbad auf, um mir auf einer Großleinwand die Public Preview des ersten Teils der SWR-Doku-Serie *Living Science – Das Experiment: Leben wie vor 5000 Jahren* anzuschauen. Allerdings kam ich nicht in erster Linie wegen *Living Science*, sondern wegen des Vorfilms: Die Veranstalter zeigten einen Ausschnitt aus dem Stummfilm *Natur und Liebe. Vom Urtier zum Menschen*, der im Dezember 1927 im Berliner Ufa-Pavillon uraufgeführt worden war. Der Dokumentarfilm thematisiert die Entwicklung des menschlichen Lebens und die *Entstehung der Menschenrassen*. In den Schlusssequenzen stellt er die *verschiedenen Menschenrassen mit dem Ausblick auf eine Höherentwicklung der Menschheit* dar. Ungefähr acht Minuten spielen in dem Freilichtmuseum in Unteruhldingen, das erst wenige Jahre vor Drehbeginn, 1922, von den kommunalen Behörden und dem Urgeschichtlichen Forschungsinstitut der Universität Tübingen gegründet worden war.

Natur und Liebe sorgte an diesem Frühlingsabend für gute Stimmung. Hinter der Leinwand die Kulisse der auf dem Stand heutiger Forschung nachgebauten Pfahlbauten. Auf der Leinwand Steinzeitwohnungen, wie man sie sich vor achtzig Jahren ausgedacht hatte. Halbnackte Menschen, stark romantisiert, stark verklärt. Geschichte als Wunschmaschine. Immer wieder konnte gelacht werden.

Star des Abends war die fünfundachtzigjährige Maria Bußmann, die als Fünfjährige in dem Stummfilm einen kurzen Auftritt hatte. *Es war sehr schön damals*, sagte sie, als ihr ein Blumenstrauß übereicht wurde. *Das Einzige, an was ich mich noch erinnern kann, ist, dass wir Bärenfelle anhatten.*

Natur und Liebe reiht sich ein in einen Modetrend der 1920er Jahre, historische Szenerien massenmedial nachzustellen. Auch das verwendete sozialdarwinistische Konzept, wonach mit jeder Menschheitsphase die – um es bildlich auszudrücken – nächsthöhere Sprosse einer Leiter erklommen wird, kam bei der Kritik und beim Publikum gut an. Das Pfahlbaumuseum rückte durch den Erfolg des Films stärker in den Fokus öffentlicher Wahrnehmung, wozu auch von der Ufa produzierte Postkarten mit Filmstills beitrugen.

Der NS-Diktatur war *Natur und Liebe* aus mir unbegreiflichen Gründen nicht *germanisch* genug und der Film wurde verboten. Die Pfahlbauten in Unteruhldingen hingegen nutzten die Nazis für ihre Ideologie und produzierten dort eine ihnen gemäße Steinzeit, in der die Überlegenheit einer arischen Urbevölkerung »dokumentiert« werden sollte. Das Museum verwandelte sich in den Jahren danach zum Forum einer chauvinistischen und rassenbiologischen Interpretation des Pfahlbaumythos. Das Idealbild eines Pfahlbaudorfes bis zur Niederlage des NS-Regimes bestand entgegen aller archäologischen Forschungsergebnisse aus einer palisadenumzäunten Flucht- und Trutzburg vor den Ufern des angeblich gefährdeten und zu engen heimatlichen Grund und Bodens.

Eng geht es – zumindest heutzutage – aber allenfalls jeden Sommer auf dem Pfahlbautenparkplatz in Unteruhldingen zu, wenn die meisten der jährlich 290 000 Besucher ins Freilichtmuseum strömen.

ODYSSEUS

Der Held von Homers antikem Epos *Odyssee* irrte bekanntlich nicht auf dem Bodensee, sondern auf dem Mittelmeer herum. Genügend Raum war da, um die Irrfahrt vierundzwanzig Gesänge beziehungsweise 12 200 Hexameterverse lang werden zu lassen. Einmal wurde auch der Bodensee in Hexameter gefasst, in der *Idylle am Bodensee* des 1804 in Ludwigsburg geborenen, 1875 in Stuttgart gestorbenen Eduard Mörike. Sieben Gesänge beziehungsweise 1400 Hexameter enthält dieser Text, also ein gutes Zehntel der antiken Verse. Wie komme ich da nur auf die Idee, Epos und Idylle auf eine Stufe stellen zu wollen, den provinziellen *Schwank*, wie Mörike selbst in einem Vers schreibt, und das Stück Weltliteratur, das gemeinsam mit der *Ilias* älteste Werk der griechischen und der abendländischen Literatur, ein erster Meilenstein, dem viele große Autorinnen und Autoren nachzueifern versuchten, etwa James Joyce in seinem *Ulysses*, um nur ein Beispiel zu nennen? Jedenfalls nicht nur, weil beide das gleiche Versmaß verwenden.

Wie ich der Ansicht bin, dass sich die Provinz nicht scharf von der sogenannten großen Welt trennen lässt, das Enge nicht von der Weite, das Randständige nicht vom Zentrum, dass beides ineinandergreift, so glaube ich auch, dass die *Idylle vom Bodensee* und die *Odyssee* eine Schnittmenge aufweisen, die vielleicht nicht groß, aber dennoch unübersehbar ist. Die homerischen Epen kannte Mörike in jedem Fall in der Übersetzung von Johann Heinrich Voß aus dem achtzehnten Jahrhundert, die in seiner Bibliothek stand. Ich bin mir sicher, dass er bei der Ausarbeitung seiner Hauptfigur, eines Fischers, an Odysseus gedacht hat.

Martin, der Fischer, ein Siebziger schon, noch munter
und rüstig;
Nicht wie die seines Gewerbes die anderen, denen
der Geist sich
Stumpf im gemächlichen Tun des gleich
hinschleichenden Tages.

Vor allem aber ist Martin listig wie der odysseische Held, eine Gabe, die ihm hilft, seinen Dorfbewohnern viel mehr als harmlose Streiche zu spielen. Dass Mörike beim Abfassen der Bodensee-Idylle mehr als einmal an Homer gedacht haben muss, belegt auch sein Musenanruf am Ende des zweiten Gesangs, der zu den klassischen Redewendungen der homerischen Epen zählt. *Sage mir, Muse, die Taten des vielgewanderten Mannes*, heißt es zu Beginn der *Odyssee*, und Mörike schreibt:

Ländliche Muse! Nun hemme den Schritt und eile
so rasch nicht
Fort an das Ziel!

Die *Odyssee* kehrt wieder in der *Idylle am Bodensee*, wegen des gleichen Versmaßes, wegen der Ähnlichkeit von Martin und Odysseus, wegen der Musenanrufe. Mörike zeigt damit auf eine äußerst kunstvolle Art und Weise, wie sich Weltliterarisches auch in scheinbar abgelegenen Winkeln vollzieht.

Gustav Schwab hielt Mörike für einen *Menschen in Schlafrock und Pantoffeln*, Heinrich Heine mokiert sich über die Gedichte des gebürtigen Schwaben: *Man sagt mir, er besingt nicht bloß Maikäfer, sondern sogar Lerchen und Wachteln, was gewiß sehr löblich ist. Lerchen und Wachteln sind wahrhaftig wert, daß man sie besinge, nämlich wenn sie gebraten sind.* Das Attribut harmlos, mit dem Mörike selbst und seine Kunst immer wieder markiert worden sind, klingt in beiden Zitaten an.

Auch viele seiner Werke, darunter *Idylle vom Bodensee*, war lange Zeit mit ähnlichen Etiketten versehen worden. Als es 1846 erstmals auf den Markt kam, fand es Anklang bei Publikum und Kritik, weil es sich dabei, wie ein Rezensent schrieb, *um eine Dichtung ohne Spur moderner, socialer oder politischer Tendenz, wirkend allein durch das rein Menschliche des Inhalts und Gehalts* handle. Weit gefehlt! Mörikes Text lässt sich nicht zu einer harmlos-harmonischen Biedermeierei zurechtstutzen. Gott sei Dank ist das inzwischen erkannt und anerkannt worden. Der in mittelbarer Nähe des Bodensees aufgewachsene Schriftsteller Arnold Stadler nennt Mörike den *unheimlichen Meister der Idylle*. Die Lesenden erhalten Einblick in das, was die Menschen bewegt, *ein Spiel aus Macht-, Lust-, und Erwerbstrieb – oder: Gier*. Die *Idylle vom Bodensee* handelt mindestens ebenso von der Geld- wie von der Liebeslust, mindestens ebenso von der fiesen Intrige wie vom Idyll. Gezeigt wird damit, wie sehr die Enge der Mikrokosmos der Weite ist.

PETER CAMENZIND

Jeder Reiseführer wirbt damit: Am Bodensee kommen Kulturbeflissene auf ihre Kosten, vor allem aber diejenigen, die sich vom Lärm und Stress des Alltags in idyllischer Natur erholen möchten. Auch für Feinde körperlicher Bewegung ist gesorgt: Statt zu wandern oder Rad zu fahren, können sie es sich in einer der Wohlfühloasen in Überlingen, Meersburg und Konstanz gut gehen lassen. In der Sauna, natürlich mit Blick auf den See, nach allen Regeln der Kunst schwitzen, danach am Ufer in einem Liegestuhl alle viere von sich strecken, hinterher eine Ganzkörpermassage und schließlich ein gepflegtes Essen, Felchen oder Zander, das könnte die Chronologie eines Tages sein. Wer es ein wenig anstrengender mag, dem wird »Thermen-Hopping« empfohlen. Da kann auf der Fahrt von einer Oase zur anderen auch noch Sightseeing betrieben werden.

Zur Attraktion für Sommerfrischler ist der Bodenseeraum verhältnismäßig spät geworden. Mit der Erschließung der Gegend durch Dampfschiffe und Eisenbahnen fanden zwar einige, in der Regel wohlhabende Touristen den Weg in die ländliche Abgeschiedenheit, um 1870 entstanden auch vermehrt große Hotels und Badeanstalten mit langen Stegen, doch zum allseits beliebten Urlaubsziel wurde die Region eigentlich erst mit der zunehmenden Verbreitung des Autos. Um 1900 tauchten auch diverse Künstler am

See auf, um Abstand von der Hektik der zivilisierten Welt zu bekommen.

Der Bekannteste dieser Naturliebhaber heißt Hermann Hesse, der sich die Hauptfigur seines Debüts, *Peter Camenzind*, zum Vorbild nahm. Camenzind ist einer der jungen Aussteiger, die in der Literatur von Goethes *Werther* bis Thomas Manns *Felix Krull* zuhauf vorkommen. Des bürgerlichen Entfremdungstrotts überdrüssig, reisen die Taugenichtse gen Süden, wenigstens bis zum Bodensee. Wie sehr *Peter Camenzind* einen Nerv der Zeit traf, belegt der Erfolg des Romans. Den Geldsegen nutzte der Autor, um mit seiner Frau Maria Bernoulli weg aus Basel und weit hinaus aufs Land zu ziehen, auf die Höri. Ab 1904 lebte er in Gaienhofen, wo ihm das Gefühl, sesshaft geworden zu sein, in den ersten Jahren guttat, unter dem er aber schließlich ebenso wie unter dem Familien- und Alltagstrott immer mehr litt. 1911 war es dann so weit: Der Aussteiger stieg erneut aus, diesmal in Richtung Indien. Auch wenn er dort nie eintraf, sondern in Ceylon, Sumatra und Malaysia, auch wenn er statt des Paradieses drückende Hitze und ihn nervende Einheimische vorfand, kehrte er eigenen Angaben zufolge erleuchtet von den östlichen Religionen nach Deutschland zurück.

Ungefähr zeitgleich mit Hesse wandert Erich Scheurmann auf die Höri aus. Und ähnlich wie seinen Kollegen zieht es ihn nach einigen Jahren fort aus der Abgeschiedenheit, und zwar deshalb, weil ihm die Abgeschiedenheit auf der Höri nicht abgeschieden genug war. Scheurmann sucht nichts weniger als das Paradies, das er dann in der Südsee, genauer auf Samoa, findet. Unglücklicherweise gelangt er kurz vor dem Ausbruch des Ersten Weltkriegs dorthin, was für den Aussteiger bedeutet, nach kurzem Aufenthalt interniert zu werden. Hesse publizierte einige Jahre nach seinem Indienaufenthalt *Siddharta* als Zeugnis seiner Erleuchtung, Scheurmann brachte 1920 *Der Papalagi* auf den Markt. Das Buch enthält Reden des Südsee-Häuptlings Tuiavii aus Tiavea, der Europa als Mitglied einer Völkerschaugruppe besuchte und anschließend seinen Insulanern erklärt, was dort alles falsch läuft. Dass sich der fiktive Ethnokitsch dieses Naturliebhabers inzwischen weit über eine Million Mal verkauft hat, gibt zu denken, zumal sich die vordergründige Fremdenfreundlichkeit beim zweiten Blick vor allem als rassistisch entpuppt. Scheurmann selbst lief nach 1933 mit wehenden Fahnen ins Lager der Nazis über und palavert öffentlich über die Sendung der Germanen. Scheurmann zeigt: Naturliebe, Thermen-Hopping, alles wunderbar. Aber selbst solche – wenn auch nur touristische – Aussteigereien verlieren ihre Unschuld, sobald aus Romantik Ideologie wird.

QUERULANTEN

Von Peter Lenk bin ich persönlich nie unterrichtet worden, ich kann nicht einmal sagen, ob ich ihm in der Schule überhaupt jemals über den Weg gelaufen bin. Ich stelle mir vor, wie der in Bodman lebende Bildhauer pünktlich oder auch ein paar Minuten zu spät im Kunstraum aufgetaucht ist und sich direkt nach dem Unterricht wieder in sein Atelier geflüchtet hat. Meine Schwestern berichteten, dass er mehrfach eine Ziege mitgebracht habe, die frei im Raum herumgelaufen sei. Peter Lenks Gastspiel am Stockacher Gymnasium war nur ein kurzes und, so nehme ich an, finanziellen Gründen geschuldet. Eindrücklich im Gedächtnis geblieben ist mir seine Stimme. Seine Frau arbeitet als Töpferin, das gesamte Frühstücksgeschirr im Haus meiner Eltern stammt von ihr. Als mein Vater und ich eines Morgens, es war vielleicht so gegen neun Uhr, nach Bodman hinüberfuhren, um zerbrochenes Geschirr zu ersetzen, klingelten wir lange und ausgiebig, ohne dass uns geöffnet wurde. Aber irgendwann tönte es wutentbrannt aus dem ersten Stock des Hauses zu uns herunter: Wir sind Künstler, wir arbeiten nachts.

Ob bei Tag oder bei Nacht, Peter Lenk war fleißig in den letzten Jahren. Neben der *Imperia* in Konstanz, der *Magischen Säule* in Meersburg und dem *Bodenseereiter* in Überlingen hat er allein im Bodenseeraum zahlreiche weitere Kunstwerke geschaffen, so die *Dix-Kurve* in Gaienhofen, den *Paradiesbaum* in Singen, das U-Boot *U 20* in Stockach oder *Ludwigs Erbe* in Ludwigshafen. *Provokante Kunst*, heißt es immer wieder in den Medien. Seine *Imperia* soll vor allem Katholiken empört haben, auch über Konstanz hinaus. Die Plastik sei *geschmacklos und geeignet, den religiösen Frieden zu beeinträchtigen*, beschwerte sich noch vor der Enthüllung das Erzbischöfliche Ordinariat Freiburg. Aber sie blieb an ihrem Ort, gegen den Willen der Kirche und trotz der Bemühungen des Konstanzer Gemeinderats, die Statue von ihrem Sockel zu stürzen, da sie auf einem Privatgrundstück der Deutschen Bahn errichtet wurde. Heute gehört die Statue ähnlich wie das Münster zu den Wahrzeichen der Stadt. So sehr das Groteske, das Derbe und Deftige, mit dem der Bildhauer Politik und Gesellschaft aufs Korn nimmt, provoziert und Lenk zu einem Quertreiber werden lässt, der sich den Zorn vieler guter Bürger zuzieht, so sehr widerfährt auch diesen Skulpturen das Schicksal vieler Kunstwerke, die anerkannt werden: Vom Skandal entwickelten sie sich zur gut vermarkteten Touristenattraktion.

Ein Querulant anderer Art war der Vorarlberger Landwirt, Schriftsteller und Sozialreformer Franz Michael Felder. Im Unterschied zu den zumeist weithin sichtbaren Provokationen Lenks und seiner inzwischen überregionalen Berühmtheit sorgten Felders Schriften, so sehr sie Mitte des neunzehnten Jahrhunderts provozierten, weder für langanhaltende Furore noch für die Aufnahme in den Olymp der Literatur, sodass er schnell mehr oder weniger der Vergessenheit anheimfiel. Damals aber schaffte es der aus dem vorarlbergischen Schoppernau stammende Felder bis in die *Gartenlaube*, einer führenden Familienzeitschrift mit zeitweise über einer Million Leserinnen und Leser. *Ein echter Bauer – als echter Dichter? Unerhört!* schrieb darin 1867 der Leipziger Germanist Rudolf Hildebrand. Unerhört, aber doch möglich. Denn der Germanist attestiert dem Bauern ein großes Talent, zudem sei er auch noch ein *weltverbesserndes Genie*, das mit *Geduld und Liebe* die Missstände im Vorarlbergischen anprangerte.

Felders Plädoyers für eine bessere Bildung unterer Schichten etwa durch die Einrichtung von Volksbibliotheken und für die Reform des Wahlrechts genügten, um den unerhörten Bauern als *Rot-Republikaner* und *Gotteslästerer* zu verketzern. Felders Reformbemühungen kamen um Jahrzehnte zu früh, letztendlich scheiterte er am Widerstand der Obrigkeit. Als er im Frühjahr 1869 starb, kaum ein Jahr nach dem Tod seiner geliebten Frau, war er gerade mal dreißig Jahre alt. Wie sehr ihm, ohne es aufzugeben, sein Querulantendasein zu schaffen machte, belegt eine Passage seiner Autobiographie *Aus meinem Leben*, in der er von Schoppernau an den Bodensee wandert: *Ich mußte ins Freie, weg von hier und unter Menschen, die mich nicht immer als Sonderling behandelten.* In Lindau schließlich kann er die Freiheit in vollem Maße empfinden, und zwar – typisch für viele Menschen im neunzehnten Jahrhundert – beim Anblick der Eisenbahn: *Es war zu traumhaft, zu wunderbar. Mir wurde weit und frei neben den glänzenden Schienen.* Auf dem Lindauer Bahnhof nimmt er sich vor, in *bösen Tagen* an diese *schöne Stunde* zu denken, um sich zu bewahren vor den Anfeindungen seiner Gegner im näheren und weiteren Umfeld – leider vergeblich.

RITTE ÜBER DEN BODENSEE

Jesus wandelte den Evangelisten zufolge auf dem See Genezareth, ohne unterzugehen. Auch auf dem Bodensee sollen Menschen trockenen Fußes unterwegs gewesen sein. Überliefert ist eine Legende des Bischofs Konrad, der um 940 seines großen Hungers wegen aus einem Boot ausstieg und schnurstracks über den See heim nach Konstanz zum Essen ging. Ein anderer Bischof, Ulrich von Augsburg, soll sich gleich mit Pferd und Wagen über das Wasser bewegt haben. Aber nicht nur für hohe geistliche Herren verwandelte sich der See in einen Gehweg, sondern auch für Normalsterbliche, dann nämlich, wenn er von einer dicken Eisschicht bedeckt war. Seegfrörne heißt dieses Naturschauspiel, das urkundlich erstmals 875 nachgewiesen ist und seitdem dreiunddreißig Mal, zuletzt im Winter von 1962 auf 1963, erlebt werden konnte. Immer noch weit über die Region hinaus bekannt ist die von Robert Schumann vertonte Ballade Gustav Schwabs mit dem Titel *Der Reiter und der Bodensee*. Ein Reiter hat es eilig, er muss *noch heute* – ein Grund wird nicht genannt – an den Bodensee, um von da in einem Kahn ans andere Ufer überzusetzen. Er *braust* schwitzend immer weiter, auch dann, als sich vor ihm der Schnee großräumig ausbreitet.

In weiter Fläche, kein Bühl, kein Haus
Die Bäume gingen, die Felsen aus.

Zu hören ist außer dem Geschrei einer Schneegans und dem Aufflattern eines Wasserhuhns ebenfalls nichts. Als er nach einer ganzen Weile wieder auf menschliche Anwesen stößt, erfährt er, dass er über den zugefrorenen See geritten ist. Wegen des großen Schreckens bleibt sein Herz stehen.

Da seufzt er, da sinkt er vom Roß herab,
Da war ihm am Ufer ein trocken Grab.

Der Dichter Schwab ist bei der Niederschrift der Ballade neben den verschlungenen Pfaden der Phantasie der geradlinigen Straße einer Chronik gefolgt, verfasst von Jacob Reutlinger und Georg Hahn einige Jahrhunderte zuvor. Der Reiter, berichten die Chronisten, sei ein gewisser Andreas Egglisperger aus dem elsässischen Ensisheim, von Beruf Postvogt, gewesen, und der Tag war der 5. Januar 1573. Aber er sei, so Reutlinger und Hahn, nicht bei Nacht und Nebel über den See geritten, sondern bei Tag und vollem Bewusstsein. In Überlingen angekommen, hätten er und sein Ross so geschwitzt, dass der Schweiß in Tropfen zu Boden rann. Der Postvogt übergab sein Pferd einem Gaffer aus der Menge zum Abtrocknen, er selbst machte sich auf den Weg in das Gasthaus Krone, um sich dort ein Mittagessen schmecken zu lassen.

Was mag den in Stuttgart ansässigen Gymnasiallehrer und Pfarrer dazu bewogen haben, das Happy End durch ein tragisches zu ersetzen? Erst die im Nachhinein erfolgte Vorstellung, über einen allein durch trügerisches Eis bedeckten *gräßlichen Schlund* geritten zu sein, wie es in der Ballade heißt, führt zum schnellen Tod des eiligen Helden.

Diese Erkenntnis lässt ihn (endgültig) innehalten. Vielleicht dient *Der Reiter und der Bodensee* auch als Warnung an alle durchs Leben Rennenden, die an nichts denken außer an den nächsten Schritt, dabei aber nicht bemerken, wie trügerisch der Boden ist, auf dem sie sich bewegen. Lebendig und in Eile bleiben sie, solange sie nichts wissen. Wird ihnen aber das Vergangene, die eigene, vielleicht aber auch die große Geschichte, bewusst, dann genügt allein die Vorstellung von dem, was war, um sie ein für alle Mal ruhigzustellen. Scheuklappenmentalität nennt man das wohl.

In Gedanken vergrößere ich stets, wenn ich vor Peter Lenks *Bodenseereiter* in Überlingen stehe, die Klappen der Mütze, die der Reiter trägt, so weit, dass er nicht mehr nach links und rechts schauen kann. Wieso aber der betongewordene, mit Schlittschuhen ausgestattete Reiter die Physiognomie von Martin Walser besitzt, darauf weiß ich keine Antwort. Der Himmel mag es wissen und natürlich Peter Lenk. Walser sei ein *Eiskunstläufer zu Pferde auf den zugefrorenen Seen deutscher Geschichte. Er steigt erst ab, wenn das Eis gefährlich dünn wird, dann dreht er seine Pirouetten.* Nun ja, die meisten Betrachter werden den, um es freundlich zu sagen, unvorteilhaft aussehenden Reiter nicht mit einem drahtigen, Pirouetten drehenden Schlittschuhläufer identifizieren. Walser selbst war not amused. Er habe extra seinen Friseur gewechselt, klagte er, *damit ich da nicht mehr vorbeikommen muss.*

Reiter, Eis und grässlicher Schlund haben auch nachschwabsche Schriftsteller zur Feder greifen lassen. Eugen Roth hadert in seinem satirischen Gedicht *Gefahrvoller Ritt* aus den dreißiger Jahren mit dem Reiter, der sich von einem *mäßig Wunder der Natur* so endgültig hat zur Ruhe bringen lassen. Anlass zur Todesangst besteht allerdings heute, weniger der Vergangenheit als vielmehr der Zukunft wegen.

Wie tot sänk, denkt der Mensch, vom Rosse
Erst unsereins, als Zeitgenosse,
Da wir doch hören beinah stündlich,
Daß, wo wir ritten, unergründlich
Die Tiefe war und, was noch schlimmer:
Wir müssen reiten ja noch immer
Und tuns verhältnismäßig heiter:
Wer weiß wohin? Nur weiter, weiter!

Ruth Klüger gedenkt des Reiters kurz in ihren Erinnerungen *weiter leben* von 1992. Die Juden, die in die USA fliehen konnten, seien *Reiter über den Bodensee gewesen, die erst im Rückblick erkennen, was das für ein Wasser war, das sie fast geschluckt hat.* Peter Handke meint in einem Interview über sein Stück *Der Ritt über den Bodensee* von 1971, dass seine Figuren darin wie der Reiter aus Schwabs Gedicht agierten: *Sie werden sich laufend im Nachhinein bewusst, was sie gemacht haben, erleben ständig irgendwelche Bewusstseinsprozesse, machen aber trotzdem weiter, bis sie wieder einen Schlag kriegen durch eine neue Konstellation.*

Mein nachschwabscher Lieblingstext heißt wie Lenks Kunstwerk *Bodenseereiter* und stammt von Robert Gernhardt. Da wird das tragische Ende des Armen, für den bei seiner Reise von A nach B der Bodensee zur Falle wird, für uns heute zu einem glücklichen, vor allem aber ironischen hingebogen.

Wir alle müssen von A nach B,
unser aller Weg führt über den Bodensee.
Doch um faktisch vorm trockenen Grab
sicher zu sein,
brechen wir prophylaktisch ins nasse ein.

Außer dem berühmt-berüchtigten Reiter hat sich bei Gfrörnen noch einiges andere über den See bewegt. Unzählige Menschen, mal zu Fuß, mal auf dem Schlitten, mal mit, mal ohne Auto. Unter ihnen Joseph W. Janker und Martin Walser. Der Ravensburger Autor Janker berichtet in seinem Buch *Meine Freunde die Kollegen*, dass er zur Zeit der letzten Gfrörne mit Walser von einer Lesung zurückgefahren sei. Irgendwann war es ihm wegen der merkwürdig leeren Gegend, ohne Bäume, ohne Häuser, mulmig geworden. Als links und rechts wieder Bäume auftauchten, sagte Walser: »Janker, soeben haben Sie eine historisch denkwürdige Fahrt über den See beendet; ich gratuliere.« Der Angesprochene erbleichte, aber, obwohl er sich wie der Reiter vom Bodensee fühlte, er brach nicht tot zusammen. Außerdem wanderten Blaskapellen, jede Menge Fahnen und natürlich die Johannesbüste über den See. Diese wird feierlich seit 1573 bei jeder Gfrörne zwischen Hagnau und Münsterlingen hin- und hergetragen. Bei der letzten Prozession wurde sie in der Münsterlinger Kirche abgestellt. Der Erderwärmung wegen wird sie dort wohl und mit ihr alle Eisprozessionsliebhaber bis zum Ende aller Tage auf die nächste Gfrörne warten.

STURMWARNUNG

Der typische Seewind besteht an schönen Sommertagen aus einer angenehmen Brise. Die Segler jubeln, sie drängen zu ihren Booten. Von oben, von einem Aussichtspunkt, fragt man sich, wie sie es alle schaffen, so leicht aneinander vorbeizugleiten. Der Bodensee ist berühmt für seine angenehme Brise – und seine wie aus heiterem Himmel aufziehenden Stürme. Während im Osten noch die Sonne scheint, türmt sich im Westen bereits Wolke auf Wolke. Erst ist der See noch spiegelglatt. Dann kräuselt sich die Oberfläche leicht, man könnte sagen harmlos, unschuldig. Plötzlich fegt wie auf Kommando ein erster Windstoß durch die Bäume. Die erste Bö ist der Startschuss für weitere, die Wellen beginnen sich zu überschlagen. Die entlang des Ufers angebrachten Warnleuchten blinken orangerot und teilen all den Seglern mit: Jetzt ist es höchste Zeit, den schützenden Hafen anzulaufen.

Annette von Droste-Hülshoff erlebte ein solches Unwetter auf einem Spaziergang zwischen Meersburg und Hagnau und berichtete davon ausführlich in einem Brief. *Einen Sturm habe ich erlebt, o, einen Großpapa aller Stürme*, heißt es darin, *bei jedem Ruck faßte er mein dick wattiertes Kleid, und wollte mich über die Mauer reißen, so daß ich gleich bergan in die Reben flüchten mußte, wo ich mich kümmerlich an den Pfählen fortlavierte bis Haltenau und dort wie ein verunglückter Luftballon ins Haus mehr plumpste als flatterte.* Wer hingegen wissen möchte, wie sich ein Sturm in einem kleinen Segler mitten auf dem See anfühlt, dem empfehle ich, bequem in einem Sessel sitzend, die Lektüre von Martin Walsers *Ein fliehendes Pferd.* Die beiden sich in ihrer Gegensätzlichkeit ergänzenden männlichen Helden, der weltoffene, etwas arrogante Journalist Klaus Buch und der intellektuelle, leicht verklemmte Gymnasiallehrer Helmut Halm, unternehmen einen Segeltörn. Ein aufkommender Sturm lässt Helmut den Wunsch äußern, möglichst schnell den nächsten Hafen anzusteuern. Doch stattdessen entwickelt sich der Zweikampf mit den Wellen zum Zweikampf der ehemaligen Klassenkameraden. *Klaus Buch benahm sich immer mehr wie ein Rodeoreiter. Er unterhielt sich mit dem Wind. Taufte jede Böe, die er herankommen sah, auf einen neuen Namen. Das ist Susi, die uns mit ihren Schenkeln zerquetschen will, hohopp, fier auf, und weg ist sie.* Das geht noch einige Sätze lang so weiter, bis der Rodeoreiter nicht nur des Sturms, sondern auch Helmuts wegen über Bord geht und scheinbar ertrinkt. Der Sturm hat gezeigt, wie wenig krisenfest die Lebensentwürfe dieser exemplarisch modernen Menschen miteinander kompatibel sind, und er hat die Brüchigkeit ihrer Lebensentwürfe ans Licht geholt. Ob sich durch das Unwetter etwas geändert hat? Da darf man sehr skeptisch sein. Endet doch die Novelle mit den Worten, mit denen sie beginnt. Das hört sich eher nach Kreislauf, weniger nach Veränderung an.

Dass Klaus Buch den Sturz ins Wasser überlebt, grenzt an ein Wunder. Einige, die in solch einem Sturm über Bord gehen, behält der See für immer. Für immer heißt: Selbst eine ausgiebige Suche mit Schiffen und Hubschraubern bringt keinen Erfolg. Die Liste der Ertrunkenen, die seit 1947 von den Polizeibehörden der Bodensee-Anrainerländer geführt wird, ist 91 Namen lang. 2010 kamen drei Einträge hinzu. Die Vergeblichkeit der Suche ist in erster Linie den Strömungen geschuldet. An der Wasseroberfläche verlaufen sie in die eine, in größerer Tiefe, wo es viel kälter ist, in eine andere. Zusätzlich hängen sie von lokalen Windbedingungen ab. Ein Sturm auf dem Obersee kann noch zwei Tage später gegenläufige Strömungen in Sipplingen verursachen. Klaus Buch hätte also nicht nur ertrinken, sondern an einem weit entfernten, nie aufzufindenden Ort auf dem Seegrund seine letzte Ruhe finden können.

TRAUTES HEIM

Die »Bayerische Riviera« liegt entlang des Uferstreifens westlich und östlich der Lindauer Insel, und, obwohl ich es zuerst nicht wahrhaben wollte, der Name hielt, was er versprach. Mit dem Fahrrad, auf dessen Gepäckträger ein Stadtplan von Lindau sowie das Buch *»Schau an der schönen Gärten Zier«. Historische Gartenanlagen und Villen in Lindau* der Kunsthistorikerin Lukrezia Hartmann gespannt war, fuhr ich an einem herrlichen Wintertag ausschließlich nach Westen. Angesichts mancher Villen empfand ich mal Bewunderung, mal Neid, mal beides zugleich. Wer darin wohnt, dachte ich, dem können keine Stürme, keine Vermissten, keine grauen und trüben Tage vor Augen treten. Der lebt losgelöst davon in einem ewigen, sonnigen Süden.

Bereits von weitem sah ich einen hohen Turm vor mir, das Wahrzeichen von Bad Schachen, das zum Hotel gleichen Namens gehört. Das Anwesen befindet sich seit 1752 im Besitz der Familie Schielin. Einige hundert Jahre früher, genauer 1474, war hier eine Eisen-Schwefelquelle entdeckt worden, mit der die Hotel- und Villengeschichte von Bad Schachen ihren Einstand gefeiert hatte. *Links und rechts des Heilbades*, so las ich bei Lukrezia Hartmann die Aussage eines Lindauer Arztes von 1731, *standen viele schöne Lusthäuser an dem Wasser hin, um allda der Badekur mit Nutzen abzuwarten.*

Vom Hotel fuhr ich weiter bis zur Villa Alwind, die im Lauf der Jahrhunderte ein l verloren hat. Allwind hieß die 1370 erstmals urkundlich erwähnte Flur, auf der die Villa heute steht, was *allen Winden* ausgesetzt bedeutet. Als ich über den Rand meines Buches hinweg auf die Villa schaute, in der gegenwärtig das Post-Erholungswerk ein Hotel betreibt, glaubte ich mir sicher zu sein, dass sie noch viele Winde, auch solche, die als Großpapasturm daherkommen, mühelos überstehen wird.

Die eigentliche Verwandlung des bayerischen Seeufers in ein italienisches begann im neunzehnten Jahrhundert mit Friedrich Gruber. Gruber, gebürtiger Lindauer, so lasse ich mir von Lukrezia Hartmann berichten, erwirtschaftete mit rastloser Energie in Genua ein großes Vermögen als Inhaber einer Textilhandelsfirma. Den dadurch erfolgten Raubbau an seiner *delicaten Gesundheit* wollte er wettmachen durch einen Sommererholungs- und späteren Ruhesitz. Dafür erschien ihm eine Reihe von Grundstücken in seiner Heimatstadt besonders geeignet, die er 1839 nacheinander erwarb und dort zügig mit dem Bau eines herrschaftlichen Gebäudes und einer entsprechenden Gartenanlage nach den Plänen des renommierten Düsseldorfer Hofgärtners Maximilian Friedrich Weyhe begann. Ein Leben in *tätiger Muße*, wie es dem Kaufmann in seiner Villa Lindenhof vorschwebte, war ihm leider nicht vergönnt. 1845 verstarb Gruber im Alter von nur fünfundvierzig Jahren. Auf seinem Grabstein sind die Worte zu lesen: *Rastlos mußt du vorwärts streben, nie ermüdet stille stehen, willst Du die Vollendung sehen.*

Vor dem zwischen der Villa Alwind und dem Hotel Bad

Schachen gelegenen trauten Heim Grubers stand ich staunend. Ich wusste zwar dank »*Schau an der schönen Gärten Zier*«, wie sehr die Architektur des Lindenhofs an italienische Bauten der Renaissance ebenso wie an Friedrich Wilhelm Schinkel und seine Schule erinnerten. Ich las von einem *kunstvollen Giebelrelief*, von *kannelierten Säulen*, von *gusseisernen Terrassengeländern* und von *bemalten Sparren*, aber immer weiter schweiften meine Gedanken ab. Einige verträumte Minuten lang sah ich mich selbst hinter den Fenstern des ersten Stocks stehen, den Blick von den Bäumen des Parks auf den Bodensee gelenkt, und im Park sah ich einen Mann, der, an ein Fahrrad gelehnt, in ein Buch vertieft zu sein schien. Als der Lesende den Kopf hob, sahen wir uns an, hin und her gingen die Blicke, zwischen dem, der im Lindenhof wohnte, und dem, der sich jederzeit aufs Fahrrad schwingen konnte. Keine Ahnung, wie lange dieser Blickwechsel fortgesetzt worden wäre, vielleicht bis in alle Ewigkeit, wenn ich dort unten nicht von einem anderen Parkbesucher nach der Uhrzeit gefragt worden wäre. Es war für ihn, aber auch für mich höchste Zeit zu gehen.

UNTER WASSER UND KNAPP DARÜBER

Inventur I (unvollständig). Aal, Güster, Kilch (möglicherweise ausgestorben), Blaufelchen, Gangfisch, Sandfelchen, Seeforelle, Regenbogenforelle, Hecht, Kretzer, Mühlkoppe, Zander, Brachsen, Rotauge, Wels (der »Walfisch« des Bodensees), Seesaibling, Sonnenbarsch (einst aus Nordamerika eingeschleppt), Trüsche, Karausche, Karpfen, Schleie, Ukelei, Elritze ... insgesamt sind im See mehr als dreißig Fischarten nachgewiesen; Teufelstisch (eine gegenüber von Überlingen unter Wasser gelegene Felsnadel), Stockente, Blesshuhn, Höckerschwan, Rohrdommel (Durchzügler und Wintergast), Haubentaucher, Dunkler Wasserläufer, Ohrentaucher, Löffler (seltener Gast), Kormoran (hat es bis in einen Bodensee-*Tatort* geschafft), Kleiner Sturmtaucher, Nachtreiher ... insgesamt sind am See 412 Vogelarten nachgewiesen; *Die Fischerin vom Bodensee* – wie die Wasservögel bewegen sich auch die Fischerinnen und Fischer knapp über dem Wasser. Die bekannteste von ihnen ist Marianne Hold alias Maria Gassl aus dem Heimatfilm von 1956, dem das berühmte Volkslied *Die Fischerin vom Bodensee* von Franz Winkler seinen Namen gab.

Die Fischerin vom Bodensee
ist eine schöne Maid, juchhee;
eine schöne Maid juchhee,
die Fischerin vom Bodensee

Und fährt sie auf den See hinaus,
dann legt sie ihre Netze aus,
schon ist ein junges Fischlein drin,
im Netz der Fischerin.
Da kommt ein alter Hecht daher,
wohl über's große Schwabenmeer;
über's große Schwabenmeer,
da kommt ein alter Hecht daher;
der möcht doch noch ins Netz hinein,
bei der Maid gefangen sein,
da zieht die Fischerin im Nu
das Netz schon wieder zu.

Ganz so fischreich geht es in den Netzen der Maria Gassl nicht zu. Das verhindern die übermütigen Zwillingsschwestern Fanny und Anny, die mit ihrem schnittigen Motorboot mutwillig die Netze der Fischerin zerstören. Doch damit nicht genug. Der Vater der Zwillinge, Fischzüchter Bruckberger, unterbietet auf dem Markt in Bregenz sämtliche Preise der ohnehin wenigen Fische von Maria. Da hat der in Maria verliebte Sohn des Fischzüchters keinen leichten Stand. Es dauert eine ganze Weile, bis der Hans seine Maria knapp über dem Wasser, auf der Liebesinsel, in die Arme schließen kann. Und auch sonst herrscht am Ende Friede, Freude, Eierkuchen. Dieser Heimatfilm sei viel zu weit weg von der Realität, schimpfen die Filmkritiker. Meiner Meinung nach aber bringt er die Sehnsüchte nach einer heilen Welt in den 1950er Jahren, in der die jüngste Vergangenheit keinerlei Raum erhält, wie kaum ein Zweiter auf den Punkt.

VERY BOND

Um die Welt zu retten, muss James Bond in *Ein Quantum Trost* nach Bregenz reisen. Dort treffen sich, während auf der Seebühne Giacomo Puccinis *Tosca* aufgeführt wird, Mitglieder einer skrupellosen Geheimorganisation, die ein Komplott zur Übernahme der bolivianischen Wasserressourcen schmiedet. Bond schaltet sich ein und sorgt dafür, dass die Mitglieder vorzeitig die Vorführung verlassen müssen. In schnellen Schnitten wechseln sich Bond auf der Höhe seiner Kampfeskunst und Szenen aus den ersten beiden Akten der Oper ab. Als Tosca ihren Peiniger und den ihres Liebhabers, den skrupellosen Polizeichef Scarpia, erdolcht, hat 007 eine ganze Reihe seiner Widersacher zum Schweigen gebracht, Dominic Greene allerdings, einflussreiches Mitglied der Organisation und wichtigster Gegenspieler Bonds, kann entkommen.

Als »very bond« galt insbesondere das mehr als einmal in *Ein Quantum Trost* zu sehende blaue, mitunter von blutroten Adern durchzogene Riesenauge. Es symbolisiert die totale Überwachung, dem die Bürger Roms in *Tosca* ausgesetzt sind. Als *Big Brother* fungiert Scarpia. Im Riesenauge befinden sich die Folterkammern des Polizeichefs, weshalb sich die Adern des blauen Riesenauges auch schon mal blutrot färben. Inwiefern die Oper und die Bregenzer Inszenierung als Spiegelbild des James-Bond-Films dienen, darüber kann ich nur spekulieren. Vielleicht verweist die

Ermordung Scarpias durch Tosca auf das Schicksal des Schurken Greenes, vielleicht auch nicht. Vielleicht aber auch hat den Filmemachern das Spektakuläre des Bühnenbildes genügt, um sich am Bodensee für zwei Wochen niederzulassen und eine fünfminütige Szene zu drehen. Die Bregenzer jedenfalls waren begeistert. *Der Mythos Bond strahlt auf Bregenz*, schrieb die Lokalpresse euphorisch.

Ein Quantum Trost lief im Herbst 2008 in den Kinos an. Wenige Monate zuvor diente die Seebühne ein weiteres Mal einem opernfernen Geschehen – das ZDF nutzte sie als Studio für die in der Schweiz und Österreich ausgetragene Fußball-Europameisterschaft. Der Moderator Johannes B. Kerner, Trainer Jürgen Klopp und Schiedsrichter Urs Meier kommentierten täglich vor dem riesigen Auge und dem nicht minder grandiosen Anblick des Sees das Fußballgeschehen.

Wie eingefleischte Opernliebhaber auf diesen Rummel reagierten, kann ich nicht sagen. Die Bregenzer Festspiele gehörten auch vor der James-Bond-Verfilmung und der EM zum, wie verschiedene Reiseführer verkünden, *Besten, was die Region kulturell zu bieten hat*. Die Anreise kann mit dem Auto erfolgen oder mit einem Schiff, etwa mit der Hohentwiel. Auch das Motorschiff Bodman hielt jahrelang Kurs auf die Bregenzer Festspiele. Einmal, im Jahr 2008, waren auch meine Mutter und Schwester dabei, um sich Puccinis tragisch endende Oper anzusehen. Bereits am Nachmittag legte die MS Bodman in Ludwigshafen ab. So blieb in Bregenz noch Zeit für eine Tasse Kaffee und einen Bummel über die Uferpromenade. Von der Aufführung waren beide sehr beeindruckt, danach allerdings auch von dem einsetzenden Gewitter während der Rückfahrt. Die Wellen hoben das Schiff weit aus dem Wasser heraus, die Gischt schlug gegen die Fensterscheiben und einige Passagiere opferten ihre letzte Mahlzeit dem Wettergott.

Nur gut, dass das Unwetter nicht bereits früher losbrach. Zwei Jahre später fiel die Premiere der Wiederaufnahme von Verdis Oper *Aida* deswegen teilweise ins Wasser. Das letzte Viertel musste wegen heftigen Regens ins Festspielhaus verlegt werden. Dort aber hatten nur rund 1600 der 7000 Besucher Platz. Die Glücklichen konnten die optisch sehr reduzierte Innenversion über das Ende des Liebespaars Radames und Aida mitverfolgen, die weniger Glücklichen mussten nass und mit langen Gesichtern von dannen ziehen.

WANDERTAG

Jetzund, vielteurer Leser, umgürte deine Lenden, greif' zum Wanderstab und fahr' mit uns zu Berge. Aus den Niederungen des Bodensees zieht unsere Geschichte ins helvetische Alpenland hinüber: dort ragt der hohe Säntis vergnüglich in die Himmelsbläue, wenn er just nicht vorzieht, die Nebelkappe ums Haupt zu hüllen, und schaut lächelnd in die Tiefen, wo der Menschen Städte zu eines Ameisenhaufens Größe zusammenschrumpfen.

Ich bin nicht, wie Joseph Victor von Scheffels Ekkehard, als er von der Welt und der Liebe genug hatte, in diese Höhen hinaufgewandert, ich habe die Seilbahn genommen. In Kauf musste ich nehmen, vieles versäumt zu haben, das Wildkirchli, die Ebenalp und anderes mehr, dafür aber konnte ich oben, ohne nach Luft schnappen zu müssen, auf die im Tal gelegenen Ameisenhaufen hinabschauen.

Ich bin auch nicht dem Wegweiser auf dem Konstanzer Münsterplatz die 2340 Kilometer nach Santiago de Compostela gefolgt, wie dies Hermann Kinders Helden in dem lesenswerten Buch *Himmelhohes Krähengeschrei* zumindest eine kleine Strecke weit taten und wenige Jahre später mein gut sechzig Jahre alter Schwager. Der ging immer weiter über Stock und Stein, bis er am Ziel seiner Pilgerreise in der Kathedrale die Statue des heiligen Jakob umarmen durfte. Heute noch lobt er die Schweiz, die er bereits am ersten Wandertag betrat, als das den Jakobspilgern am gastfreundlichsten gesinnte Land. Ihm, dem Deutschen, hätten sie stets bereitwillig ein Nachtquartier und Speisen, selbstverständlich kostenlos, angeboten. Ich persönlich pilgerte an einem kalten, grauen Tag Ende Februar statt auf dem Jakobs- auf dem Prälatenweg. Für einen Wandertag ist er eher geeignet, da er nicht mehrere tausend, sondern sieben Kilometer lang ist. Zwar sind auf solchen in ganz Deutschland vorzufindenden Wegen keineswegs nur die Prälaten, also die Äbte, unterwegs gewesen, aber wie so oft haben auch hier die Höherrangigen der Gegend ihren Stempel beziehungsweise Namen aufgedrückt. »Mein« Prälatenweg führt von der Birnau aus vorbei am Affenberg, einem Freigehege, in dem sich über zweihundert Berberaffen tummeln, zum ehemaligen Zisterzienserkloster Salem. Das Alter des Wegs ist unklar. Voraussichtlich entstand er, nachdem die Zisterzienser in Maurach direkt am See ein Wirtschaftsgut erwarben. Von hier aus konnten sie sich nach Konstanz und anderen Bodenseestädten einschiffen. Seit der Einweihung der Wallfahrtskirche Birnau oberhalb von Maurach am 20. September 1750 wurde der Weg auch für Prozessionen benutzt. Aber nicht nur Prozessionszüge und zu ihrem Schiff eilende Mönche waren auf dem Prälatenweg zu sehen. Auch Waren wurden hier transportiert, vom Kloster hin zum See, vom See hin zum Kloster, etwa Wein, den die Geistlichen an den Hängen rund um Maurach anbauten. Der weltliche Nutzen des Prälatenwegs lag zusätzlich darin, dass die Mönche für Waren, die hierüber hin- und hergeschafft wurden, keinen Zoll entrichten mussten. Der nämlich wurde am Bodensee wegen der deutschen Vielstaaterei bis ins neunzehnte Jahrhundert hinein nur allzu oft erhoben.

Mit von der winterlichen Pilgerpartie war der in die Jahre gekommene Hund meiner Mutter namens Benny, eine Kreuzung zwischen zwei Promenadenmischungen. Fröhlich wanderten wir von der Birnau aus in Richtung Salem, auch in der Hoffnung, am Affenberg wenigstens vom Zaun aus einige der Berberaffen beobachten zu können. Störche gab es en masse, Enten, Blesshühner zuhauf, aber keinen einzigen Affen bekamen wir zu Gesicht. Vielleicht, mutmaßte ich, hatte man sie den Winter über in einem Käfig zusammengepfercht oder sie hielten sich schlichtweg vor uns versteckt. Da verließ uns mit einem Schlag die Pilgerlust. Wir kehrten um und eine gute halbe Stunde im Birnauer Oberhof ein, wo Benny sich sein Wasser und ich mir einen Müller-Thurgau vom Schloss Salem schmecken ließ.

An einem Wandertag (fast) jenseits christlicher Spuren habe ich erst kürzlich teilgenommen, anlässlich eines Klassentreffens ein Vierteljahrhundert nach Bestehen des Abiturs. Auf unserer Tour von Überlingen nach Ludwigshafen sprachen wir nicht über uns, unsere Häuser, unsere Autos, unsere Kinder, sondern über diese Gegend, die uns allesamt – ob es uns passte oder nicht, und einigen passte es ganz und gar nicht – geprägt hatte. Egal ob wir die Heidenhöhlen, die Sylvesterkapelle oder die Sieben Churfirsten passierten, irgendeiner wusste etwas und gab sein Wissen preis. Dass die in den Molassesandstein vor ewigen Zeiten, vielleicht schon während der Bronzezeit, hineingeschlagenen Heidenhöhlen 1846/47 beim Bau der Bodensee-Uferstraße teilweise zerstört worden sind und noch stärker in den 1890er Jahren durch den Bau einer Bahnlinie. Dass die Wandmalereien in der Goldbacher Sylvesterkapelle als die ältesten im Bodenseeraum gelten. Dass die Sieben Churfirsten in der Nähe von Sipplingen, pfeilerartige, fünf bis sieben Meter hohe Sandsteinfelsen, in der Nacheiszeit durch Erosion von Regen und Wind entstanden sind. Manche holten räumlich auch weiter aus. Zwischen Überlingen und Ludwigshafen erfuhr ich zum ersten Mal von den Plänen Napoleons I. bezüglich eines Königreichs Helvetien, davon, dass von allen Bodenseethermen diejenige in Konstanz unübertroffen sei, nicht einmal Fußpilz gäbe es hier, und vieles andere mehr. Bereits auf dem Bahnhof in Ludwigshafen, als wir auf den Zug nach Überlingen warteten, sind wir von einem Rückkehrer mit einer Gedichtstrophe überrascht worden, von dem er steif und fest behauptete, dass es hier am 21. August 1895 vorgetragen worden sei.

Einst trugen meine dunkeln Wogentöchter
Der erzgekielten Schiffe stolze Last –
Vom Dampfroß schriller Pfiff, gleich Hohngelächter,
Dringt heut, statt Ruderschlag, mir zum Palast.
Drum fürchtet meinen Zorn, verborgene Mächte.

Das Gedicht, so der Klassenkamerad, soll während der feierlichen Eröffnung des Bahnhofs Ludwigshafen von einer gewissen Clara Würth vorgelesen worden sein. Ich glaube schon deshalb an diese Geschichte, weil der Zorn des Seegottes, der diese Verse spricht, tatsächlich nicht ohne Folgen blieb. Ludwigshafen blieb im Eisenbahnverkehr ein ganz nebensächlicher Verkehrspunkt, und nach und nach verlor der Ort auch seine Bedeutung als Bodenseehafen.

XENOPHOBIE UND XENOPHILIE

Zum Grenzverkehr kommt es in den mit *Jugend am Ufer* betitelten, beeindruckenden Erinnerungsbildern des Schweizer Schriftstellers Otto Frei, die zwischen den zwanziger und den vierziger Jahren spielen, regelmäßig. Meistens rudert der Vater eine Stunde über den Untersee nach Deutschland, um dort auf die Jagd zu gehen, oft hat er seinen Sohn dabei. Die Mutter setzt auch über, aber nur wenn es zum Essen in den *Deutschen Kaiser* geht. Der Vater vermittelt seinem Sohn klare Ansichten über den Nachbarn: *Die Deutschen sind Leute, die nie aus dem Dreck herauskommen. Darum tragen sie hohe Schaftstiefel, die an der Wade klemmen.* An einer anderen Stelle heißt es: *Wo ein Preuße hinmacht, wächst siebzig Jahr das Gras nicht mehr.* Mit dem Ausbruch des Zweiten Weltkriegs kommt der Grenzverkehr an ein Ende. Zuvor jedoch wird die Schweizer Familie mehrfach Zeuge von Nazischandtaten. Der Junge wird von Hitleranhängern misshandelt, in Konstanz kaufen sie Schuhe in einem Geschäft, dessen Schaufenster von der Aufschrift *Kauf nicht beim Juden* verunstaltet ist.

Abgesehen von Freis Erinnerungen widmen sich viele weitere Bücher und Filme dem Grenzverkehr zwischen Schweizern und Deutschen. Sonntagabend um zwanzig Uhr fünfzehn ist *Tatort*-Zeit. Und wenn es einen *Bodensee-Tatort* gibt, dann sitzen Schweizer und Deutsche im Geiste vereint vor den Fernsehern. Einen *Bodensee-Tatort* mit Klara

Blum und Kai Perlmann habe ich nur einmal verpasst, als ich wegen eines Fahrradunfalls am frühen Sonntagabend im Krankenhaus landete und nach der Narkose zu benebelt war, um mich gegen meine Nachbarn, allesamt unbelehrbare, renitente Pilcherfans, durchzusetzen. In den letzten drei *Tatorten* durfte der Schweizer Reto Flückiger mit den beiden Konstanzer Kommissaren ermitteln. Im dritten Fall kam es zum Austausch von Intimitäten zwischen Blum und Flückiger: Zuerst ließ sie sich Kaffee aus der Schweiz mitbringen, weil der viel besser sei, etwas später, nachdem sie erfuhr, dass der Kollege sich nach Luzern versetzen lassen wird, küsste sie ihn auf den Mund, ernst und traurig. Ich fürchte, mit dem Weggang Flückigers ist auch die Völkerverständigung in den *Bodensee-Tatorten* an ein Ende gekommen. Auch nicht tragisch. Manchmal allerdings erwische ich mich bei einem Tagtraum, in dem Klara Blum nach Luzern reist, das vom Bodensee aus ja nicht aus der Welt liegt, und die beiden Polizisten verbringen eine heiße Nacht miteinander.

Xenophilie zwischen den deutschen, Schweizer und österreichischen Bewohnern des Sees kommt nicht nur im *Tatort* vor, sondern in *Die Fischerin vom Bodensee* ebenfalls. Laut meinem Schwager kommt sie auch im wirklichen Leben vor. Die Schriftstellerin Angelika Overath, die vor ein paar Jahren von Tübingen nach Sent im Unterengadin zog und von ihrer ersten Zeit dort ein Tagebuch publizierte, würde wahrscheinlich meinem Schwager zustimmen. Aber viele andere ganz sicher nicht. Ein befreundeter Journalist aus Konstanz meinte, man gehe sich eher aus dem Weg. Ich erinnere mich an die Rückkehr von einem Skiausflug. Mein

Vater begrüßte an der Schweizer Grenze einen Zöllner mit *Grüzi* (anstatt mit *Grüezi*), worauf wir eine geschlagene Stunde lang gefilzt wurden. Die Ressentiments zwischen Schweizern und Deutschen existieren schon lange, mindestens seit dem Schweizer- oder Schwabenkrieg im fünfzehnten Jahrhundert, in dem die Schimpfworte »Sauschwaben« und »Kuhschweizer« aufkamen. Bücher wie *Exgüsi: Ein Knigge für Schweizer und Deutsche zur Vermeidung grober Missverständnisse* sollen heutzutage Schlimmeres verhindern. Ähnliche Knigges sollen auch die Beziehungen zwischen Schweizern und Österreichern verbessern helfen.

Hermann Hesse, der ebenso wie die Familie Frei regelmäßig über den Untersee ruderte, allerdings in umgekehrter Richtung, von Gaienhofen nach Steckborn, gab sich 1919 in seinem *Alemannischen Bekenntnis* mindestens so optimistisch wie mein Schwager. *Darüber hinaus fand ich mich mit zunehmenden Jahren immer unentrinnbarer getrieben, überall das, was Menschen und Nationen verbindet, viel höher zu werten als das, was sie trennt. Im kleinen fand und erlebte ich das in meiner natürlichen, alemannischen Heimat. Daß sie von Landesgrenzen durchschnitten war, konnte mir, der ich viele Jahre dicht an solchen Grenzen lebte, nicht verborgen bleiben. Das Vorhandensein dieser Grenzen äußerte sich nirgends und niemals in wesentlichen Verschiedenheiten der Menschen, ihrer Sprache und Sitten, es zeigten sich diesseits und jenseits dieser Grenze weder in der Landschaft noch in der Bodenkultur, weder im Hausbau noch im Familienleben merkliche Unterschiede. Das Wesentliche der Grenze bestand in lauter teils drolligen, teils störenden Dingen, welche alle von unnatürlicher und rein phantastischer Art waren: in Zöllen, Passämtern und dergleichen Einrichtungen mehr.* Das hört sich ja schön und recht an, aber auch so, als spräche der Dichter von Bewohnern eines anderen Sterns.

Ich sehe, in kultureller, mentaler und historischer Hinsicht, mehr Unterschiede als Gemeinsamkeiten zwischen den diversen Alemannen, auch wenn sie aus einem Sprachraum stammen. Und, ehrlich gesagt, mir sind Differenzen, die für Spannung und Reibung, für schon mal polemischen Austausch, aber auch für die Anerkennung des Anderen als Anderen sorgen, lieber als eine abgehobene Einheitspoesie.

Vielleicht sehe ich aber auch zu schwarz. Deutsche jedenfalls ziehen gerne in die Schweiz, viel lieber als in irgendein anderes europäisches Land. Die Umzüge dorthin haben sich im vergangenen Jahrzehnt fast verfünffacht: 2008 migrierten dreißigtausend Deutsche ins Nachbarland, zwanzigtausend mehr, als von der Schweiz nach Deutschland zugezogen sind. Allein im Kanton Thurgau waren Ende 2010 rund 16700 Deutsche gemeldet. Dass es um die Nachbarn gerade im Bodenseeraum nicht so schlecht steht und auch nie so schlecht stand, das meinten auch zwei Bekannte von mir, mit denen ich mich einmal zum Kaffeekränzchen traf. Die eine gebürtige Konstanzerin, die andere gebürtige Kreuzlingerin, die eine neunzig, die andere einundneunzig Jahre alt. Sehr gut, antworteten sie wie aus einem Mund auf meine Frage, wie sie das Verhältnis von Schweizern und Deutschen damals in den 1920er Jahren gefunden haben. Das Essen fanden beide in der Schweiz besser. Beide schwärmten von Öerli oder, wie sie mir erklärten, Fastnachtschüechli. Im Café Dengler kurz hinter der Grenze habe es die Allerbesten gegeben. Und heute? Wie sähen sie das Verhältnis heute? Die Ältere von beiden, die mit fünfzehn Jahren nach Konstanz umzog und bis heute dort lebt, überlegte eine Weile. Kein Unterschied, sagte sie dann. Manche in der Schweiz seien anders als sie. Aber wieso auch nicht? Manche Deutsche seien auch anders.

YACHTEN UND MEHR

Inventur II (ebenfalls unvollständig). Ruderboot: Um 770 wird der Leichnam von Abt Otmar in einem Ruderboot über den stürmischen See nach St. Gallen überführt. Heute dient kein Ruderboot mehr solchen Zwecken, auch Fischerinnen und Fischer rudern nicht mehr auf den See hinaus. Wie die Yachten werden Ruderboote für Sport und Spaß genutzt. Für Liebespaare sind sie eher zu empfehlen als Tretboote, weil sie in der Regel mehr Platz zur Verfügung haben.

Marktschiff: Durch das Aufblühen von Städten und Märkten blüht auch die Schifffahrt auf. Verschiedene Quellen sprechen von Marktschiffen. Eines davon, das Lindauer Marktschiff, transportiert 1383 immerhin sechzig Personen von einem Ufer zum anderen. Da die Märkte an festgesetzten Tagen zur immer gleichen Uhrzeit beginnen, richtet die Schifffahrt einen Fahrplan ein.

Lastschiffe: Ledi, Lädi oder Lädine, vom vorarlbergischen Lade, das heißt Last, abstammend, heißen seit dem Mittelalter die gebräuchlichsten Schiffe auf dem Bodensee. Eine zweite verbreitete Bezeichnung lautete Segmer, die sich vom lateinischen Sagma, was übersetzt ebenfalls Last bedeutet, herleitet. Im einen wie im anderen Fall handelte es sich um Segelboote ohne festes Deck, die bei Flaute auch mit Rudern vorwärtsbewegt werden konnten. In der Regel waren die Schiffe bis zu zwanzig Meter lang, in Ausnahmefällen, wie 1764 eine Lindauer Lädi mit 31,5 Metern, auch länger. Auf diesen Lastschiffen überquerte Getreide, Wein, Holz und anderes mehr den See. Wichtigstes Handelsgut war lange Zeit das Salz, das von Bregenz und Lindau aus auf den Weg gebracht wurde. Beziehungen zwischen der Lastschifffahrt und meiner Familie bestehen insofern, als mein Urgroßvater Melchior Döber von 1897 an bis zum Ausbruch des Ersten Weltkriegs Miteigentümer zweier, allerdings auch mit Motor betriebener, Segellastschiffe mit vierzig beziehungsweise zwanzig Tonnen Tragkraft war, die Lehm von Ludwigshafen nach Konstanz fuhren. Dort wurde das Transportgut zu Ziegeln verarbeitet. In ihrem Vertrag versicherten sich die Eigentümer gegen verschiedene Eventualitäten, auch gegen folgende: *Sollte einer der Kontrahenten mit Tod abgehen, so fällt der betreffende Anteil an dessen Rechtsnachfolger*.

Lustschiff: In alten Quellen ist eher selten von Schiffen dieser Art die Rede. Nur wenige wohlhabende Adlige, wie die Vorarlberger Grafen von Hohenems, hielten sich aus reiner Lust auf dem See auf. Deren Lustschiff befand sich für gewöhnlich im Teich ihres Lustgartens, konnte aber von dort in den Bodensee gelangen. Zu den hervorstechenden Merkmalen dieses Schiffstyps gehört ein zeltähnlicher Aufbau, der diejenigen, die ihre Seele baumeln lassen wollten, vor Sonne, Wind und Regen schützte.

Yacht: Diesen Namen verband ich bis vor kurzem mit Luxus. Reich müssen sie sein, die Inhaber von Yachten, so reich mindestens wie Dr. Bruderhofer in Martin Walsers *Mein Jenseits*, der mit seiner *Prachtyacht »Tamara«* alles gewann, was es auf dem Bodensee zu gewinnen gibt. Dabei existieren nicht nur Motor- und Segelyachten, sondern neben Mega- oder Prachtyachten auch kleine, unscheinbare. Aber: Sie besitzen im Unterschied zur Jolle einen festen, in der Regel mit Ballast versehenen Kiel und führen deshalb ihren Namen mit Fug und Recht. Wenigstens etymologisch ist an der Zuordnung zu den oberen Zehntausend etwas dran. Das gleichlautende und gleichbedeutende niederländische Wort »Jacht« ist eine Verkürzung des mittelniederdeutschen »jachtschip«, was übersetzt Jagdschiff oder schnelles Schiff heißt. Die ersten Yachten wurden in den Niederlanden im siebzehnten Jahrhundert im Auftrag von Königshäusern gebaut und dann an andere Königshäuser verschenkt. Erst vom Ende des neunzehnten Jahrhunderts wurden Yachten so genutzt, wie wir es heute kennen: zu Sport- und Freizeitzwecken.

Dampfschiff: Die Jungfernfahrt des ersten Dampfschiffes, das auf den Namen »Stephanie« getauft worden war, fand am 29. April 1818 von Konstanz nach Meersburg statt. Vier Stunden benötigte das Schiff für die Strecke. Auf der Rückfahrt versagte die viel zu schwache Maschine. Die Ehrengäste gelangten rudernd nach Konstanz zurück. Trotz dieses missglückten Debüts verdrängten die Dampfschiffe nach und nach die mit Segeln ausgestatteten Lastschiffe. Gegenwärtig fährt ein Dampfschiff auf dem Bodensee, aber was für eins! Nur einmal bislang fuhr ich auf der 1913 vom Stapel gelaufenen und Anfang der 1980er Jahre fast zur Verschrottung freigegebenen, dann aber doch liebevoll restaurierten Hohentwiel. Daniel Craig alias James Bond hat Pech gehabt. Erst war geplant, eine Szene auf dem Dampfer spielen zu lassen, dann aber wurde entschieden, ihn nur kurz einzublenden. Auch ein James Bond kann nicht alles haben.

Motorschiff: Nur für die Hohentwiel würde ich das Motorschiff Bodman links liegenlassen, aber auch nur für dieses. Damit stehe ich wohl ziemlich alleine da. Die MS Bodman war bis zu ihrer Ausmusterung 2010 eines von vielen Motorschiffen auf dem Bodensee, dazu eines der kleinen und lauten. Für gewöhnlich fuhr sie vom Frühjahr bis zum Herbst die Kursstrecke zwischen Bodman und Überlingen ab, immer mal wieder unternahm sie Sonderfahrten in andere Orte, Tagesausflüge nach Meersburg oder Stein am Rhein, Abendfahrten zu den Bregenzer Festspielen oder dem Konstanzer Seenachtsfest, und, gewöhnlich am Freitagabend, lief sie für sogenannte Mondscheinfahrten aus. Ich bin mir nicht sicher, aber ich glaube, bis zu ihrer Ausmusterung vor wenigen Jahren gab es auch abgesehen von den Sonderfahrten keinen Restaurantbetrieb an Bord, nur zwei Kühlschränke mit Getränken, ein paar Süßigkeiten und Eis. Mit den Schiffen der Weißen Flotte, etwa der Graf Zeppelin oder der Allgäu, konnte die Bodman zu keiner Zeit konkurrieren. Mir, der ich als Schüler jahrelang in den Ferien und am Wochenende auf dem Schiff arbeitete, war das gleichgültig. Nur manchmal war ich neidisch auf die Angestellten der größeren Schiffe, die in Überlingen neben uns hielten. Denn die trugen Uniformen und eine Mütze, die sich von der eines Kapitäns kaum unterschied. Aber dafür hatte ich mehr Aufgaben. Anleger war ich, Kassierer, Getränkeverkäufer und, sofern es die Zeit erlaubte, durfte ich sogar den Kapitän, das zweite Besatzungsmitglied auf der Bodman, beim Steuern ablösen.

ZEPPELIN

Welcher Friedrich Friedrichshafen gegründet hat, wer weiß das heute schon noch außer dem Schriftsteller Peter Renz, der die Geschichte dieser Stadt kurzweilig Revue passieren lässt. Bei dem Ortsnamen wird weniger des Gründers der heute knapp sechzigtausend Einwohner zählenden Stadt gedacht, sondern des Erfinders der zigarrenähnlichen Luftschiffe, die hier entwickelt wurden. Ferdinand Graf von Zeppelin hatte sich nach einer militärischen Karriere nicht zur Ruhe gesetzt, sondern an die Lösung eines Problems gemacht, über das sich Aeronauten lange Zeit den Kopf zerbrochen hatten: Er wollte ein Fluggerät bauen, das in der Luft nicht hilflos dem Spiel der Winde ausgesetzt war. 1900 schien er am Ziel seiner Wünsche. Der erste Zeppelin hielt sich immerhin achtzehn Minuten in der Luft. Auch wenn Kritiker danach von einem *technischen Unsinn in Kolossalform* sprachen und Zeppelins Vermögen beträchtlich schwand, baute und verbesserte er weiter – letztendlich mit Erfolg.

Mit der »neuen Kunst« befassten sich nicht allein Wissenschaftler und Normalsterbliche, auch einige Schriftsteller, etwa Hermann Hesse oder Norbert Jacques, waren so fasziniert davon, dass sie sich durch die Lüfte gondeln ließen, um die *großen Zusammenhänge der Landschaft* zu verstehen. Andere, die meisten euphorisch, wenige kritisch, fassten vom sicheren Erdboden aus das Faszinosum in

Worte. Als der Graf 1913 starb, konnten Passagiere in den Zeppelinen Schwaben, Sachsen und Viktoria Luise bereits von Stadt zu Stadt reisen, während die Flugzeugentwicklung noch in den Kinderschuhen steckte.

Aber recht schnell gesellte sich zur friedlichen die militärische Nutzung: Im Ersten Weltkrieg waren es die Zeppeline, die eine neue Ära der Gewalt einläuteten, den Luftkrieg. Während sie jede Menge Bomben über London, Bukarest oder Dijon abwarfen, wurde gleichzeitig weiter an der Technik gefeilt. Die Zeppeline konnten immer länger fliegen, letztendlich – in den Jahren zwischen den Weltkriegen – so lange, dass sie in New York landeten. 1924 überflog das erste Luftschiff in 81 Stunden den Atlantik, über zwei Jahre früher als Charles Lindbergh. Damals zweifelte kaum jemand daran, dass die Zukunft des internationalen Luftverkehrs den Zeppelinen gehörte.

Mehr denn je schwärmten die Deutschen von »ihren« Schiffen, und selbstredend nutzten die Nazis diese Schwärmerei: Die Hindenburg, das größte jemals gebaute Luftschiff, und die Graf Zeppelin schwebten vor den Reichstagswahlen 1936 über Deutschland, und ihre Besatzung warf Nazi-Wimpel und -Flugblätter hinab. Aus Lautsprechern dröhnte: »Tut eure Pflicht, wählt den Führer!«

Nur ein Jahr später, am sechsten Mai 1937, endete die den Luftschiffen vorhergesagte glorreiche Zukunft, als das größte Luftschiff der Menschheitsgeschichte kurz vor der Landung in New York in Flammen aufging. 36 Passagiere fanden bei dieser Katastrophe den Tod. Die Ursache des Absturzes ist bis heute nicht geklärt. Lag es an einem Blitzschlag, an der falschen Beschichtung der Hindenburg?

Oder steckte etwa sogar Sabotage dahinter? Es bleibt genügend Raum für Spekulationen und Phantasien, Raum, die die beiden bisherigen Verfilmungen, die Hollywood-Produktion von 1975 und der RTL-Zweiteiler von 2011, für jede Menge Verschwörungstheorien sowie Action- und Liebesszenen zu nutzen verstanden.

Mit der Hindenburg-Katastrophe wurde zwar die Fabrikation von Zeppelinen eingestellt, die Friedrichshafener Fabrik bestand aber weiterhin und wurde nach Ausbruch des Zweiten Weltkriegs vollständig auf Kriegswirtschaft umgestellt. Die Firma Zeppelin und weitere Firmen, unter anderem die Dornier-Werke, machten aus der Stadt am Bodensee einen wichtigen Rüstungsstandort mit Tausenden von Kriegsgefangenen und KZ-Häftlingen als Zwangsarbeitern. Da aufgrund wiederholter Luftangriffe der Alliierten die Produktionsstätten zunehmend zerstört wurden, fingen die Nazis an, sie an sichere Orte zu verlagern. Einer davon entstand in den Molassefelsen westlich von Überlingen. Für das Bauvorhaben, das den Decknamen »Magnesit« trug, wurden Häftlinge aus dem KZ Dachau rekrutiert. Ab Herbst 1944 waren in dem KZ-Kommando nordwestlich von Überlingen durchschnittlich achthundert Häftlinge interniert, die bis zum Kriegsende vier Kilometer lange Stollen in den Felsen sprengten. Viele kamen dabei ums Leben. Die Produktion von Kriegsgerät wurde allerdings durch den Vormarsch französischer Truppen verhindert, die im April 1945 den Bodensee erreichten. Der 1980 sanierte Stollen gehört nun zur Geschichte des Bodensees genauso dazu wie die Aussichtspunkte, Klöster, Wallfahrtskirchen und Kaiserresidenzen.

Heute existiert in Friedrichshafen ein Zeppelin-Museum, eine Zeppelin-Stiftung, die soziale und kulturelle Projekte fördert, zudem tragen Schulen den Namen des Flugschifferfinders. Doch der Graf und Männer wie Claude Dornier sind zugleich Pioniere für die militärische Waffenproduktion am Bodensee. Kaum eine Region in Deutschland profitiert gegenwärtig mehr von der Rüstungsindustrie als die Region zwischen Überlingen und Friedrichshafen. Daher sind in der Bodenseewelt diese Firmen genauso gerne gesehen wie Touristen: Sie besitzen tausende Mitarbeiter, sie zahlen zig Millionen Euro Gewerbesteuer, und sie unterstützen großzügig, da stehen sie der Zeppelin-Stiftung in nichts nach, Kulturelles und Soziales.

Nicht nur die Landschaft des Bodenseeraums hat viele verschiedene Seiten, sondern auch seine Kultur, seine Städte und seine Menschen. Überlingen, Friedrichshafen, aber auch andere Orte dort im Südwesten Deutschlands besitzen verschiedene Gesichter. Einzelne Facetten von Städten, Dörfern, Menschen und Landschaften habe ich hier zu sammeln versucht, gesteuert von meinen ganz persönlichen Vorlieben, Eindrücken, Erinnerungen und Wünschen. Gemixt mit Erfindungen aus Büchern und Filmen, mit Anekdoten und Sagen, mit in Gesprächen Aufgeschnapptem sind daraus Fragmente in aller Vorläufigkeit entstanden, Fragmente einer Region, die, so hoffe ich, zeigen, dass eine Heimat sich zusammensetzt aus vielfältigen, vergangenen ebenso wie neuen Geschichten. Ich jedenfalls denke mir diese als kein abgegrenztes Terrain, das gegen jeden Eindringling, gegen jede Veränderung verteidigt werden muss. Vielmehr ist meine Heimat ein möglich-unmöglicher Ort der Begegnung zwischen Altem und Neuem, zwischen Eigenem und Fremdem, zwischen Vergangenheit und Zukunft, zwischen Gegebenem und Phantastischem.

REGISTER

CHRISTOF HAMANN
wuchs am westlichen Ende des Bodensees, in Ludwigshafen, auf und arbeitete jahrelang in den Sommerferien als Anleger und Kassierer auf einem Passagierschiff, das zwischen Bodman und Überlingen verkehrt. Den Zivildienst verbrachte er in der Nähe von Ravensburg, am Fuße des *Höchsten*, und lernte von dort den Bodensee aus einer anderen Perspektive kennen. Heute lebt Christof Hamann in Solingen. Er schreibt Romane, teilweise, wie in *Seegfrörne* von 2001, über seine Heimat und arbeitet als Literaturwissenschaftler an der Universität Wuppertal.

IN DIESER REIHE BEREITS ERSCHIENEN

Baden von Karl Heinz Ott
Bayern von Klaus Reichold
Berlin von Annett Gröschner
Dresden von Jens Wonneberger
Franken von Thomas Kraft
Frankfurt von Michael Herl
Leipzig von Claudius Nießen
Mark Brandenburg von Beatrix Langner
Mosel von Tom Goeller
Ostfriesland von Detlef Hartlap
Ostwestfalen von Jörg Sundermeier
Rheingau von Eva Demski
Rügen und Hiddensee von Holger Teschke
Schwaben von Bernd Kohlhepp
Schwarzwald von Ingeborg Gleichauf